Desvendando o algoritmo do Mercado Livre para vender muito mais

Marco Antonio Ponciano

Desvendando o algoritmo do Mercado Livre para vender muito mais

1ª Edição

São Paulo, SP
Edição do autor
2022

Coordenação Editorial: Marco Antonio Ponciano
Editor: Marco Antonio Ponciano
Projeto Gráfico, Diagramação, Capa: Marco Antonio Ponciano
Revisão: Kleber Gabriel Silva
Créditos de Imagens da Capa: Freepik, Pixabay, 2022.

Dados Internacionais de Catalogação na Publicação (CIP)

P795d Ponciano, Marco Antonio, 1978-
Desvendando o algoritmo do Mercado Livre para vender muito mais / Marco Antonio Ponciano. - Imagens Freepik, Pixabay. São Paulo, SP: Edição do autor, 2022.
184 p.; il.

ISBN 978-65-00-38754-4

1. Marketing. 2. Vendas. 3. Comércio Eletrônico. 4. Marketplace. I. Título.

CDD 658.8
CDU 658.8

Agradeço o amigo Kleber Gabriel, que teve um papel muito importante na conclusão deste livro. Com toda a sua atenção e zelo, contribuiu dando sugestões e revisando este trabalho.

Agradeço também a minha esposa Renata, eterna companheira, parceira e motivadora em todos os meus projetos.

A evolução do Homem
passa, necessariamente, pela
busca do conhecimento.
Sun Tzu

SUMÁRIO

1. INTRODUÇÃO

Com certeza, você já ouviu alguém dizer que é só anunciar no Mercado Livre e as vendas acontecem sozinhas, não é mesmo?

De certa forma, até que isso é verdade, porém, algumas coisas precisam ser feitas para que, de fato, isso aconteça.

Quem disse isso para você, ou conhece e estudou as técnicas da plataforma ou simplesmente acertou a mão, seja no produto ou nas técnicas de posicionamento de anúncios.

Entretanto, se a opção foi a última, não saber o motivo pelo qual os anúncios e as vendas estão acontecendo, pode ser que este seja o início do fim, pois basta apenas uma pequena mudança no algoritmo e tudo começa a desabar.

E quando o declínio começa, junto com ele chega o desespero e aí, é um erro atrás do outro, na tentativa de reposicionar a sua conta do Mercado Livre.

Entender as métricas da plataforma e perceber quando os anúncios começam a não funcionar, é muito importante para conseguir reagir no momento certo, sem despertar a fúria do algoritmo.

Lembre-se que o Mercado Livre, visa obter lucro e se você não dá resultados para ele, você sai do topo e vai para o final da fila, simples assim!

O principal erro dos vendedores que criam uma conta no Mercado Livre é, achar que é só criar a conta, cadastrar alguns anúncios e, como num passe de mágicas, o dinheiro começará a entrar na conta. Existe dedicação, técnica, estratégia e muito trabalho quando se trata de obter resultados na plataforma. Veja que eu falo de "resultados" e não de "vendas", pois no Mercado Livre, as duas palavras têm contextos totalmente diferentes.

Vender não significa que você esteja ganhando dinheiro. Por isso você deve saber exatamente como vender e, ao mesmo tempo, obter lucros no Mercado Livre, competindo com tantos concorrentes em um só lugar, além de conhecer alguns macetes sobre o algoritmo, o que, com certeza, trará um diferencial competitivo a você.

Este livro não é um tutorial de como criar sua conta e anúncios no Mercado Livre, mas sim, um guia de dicas e conceitos sobre estratégias de comunicação e persuasão com os compradores, assim como, uma ferramenta importante para o entendimento geral de como o algoritmo da plataforma funciona, ajudando-o a melhorar seus anúncios e consequentemente, aumentando as suas chances de vendas.

Portanto, se você está contente com as suas "vendas" atuais, esse livro não é para você. O que vamos falar aqui é, sobre como obter RESULTADOS, utilizando o algoritmo em seu favor.

2. MERCADO ONLINE

Não é segredo para ninguém que as vendas online explodiram durante a pandemia, quase a ponto de colapsar a logística. Muito tempo confinado, fez com que o consumidor adiantasse toda uma demanda de compras em um curto espaço de tempo. Tudo isso serviu para ganharmos um período considerável de evolução, seja na quebra de paradigmas relacionados à compra virtual, quanto no progresso tecnológico e logístico de todo o ecossistema que envolve as vendas online.

Apesar do cenário atípico das compras online neste período, elas mostraram que vieram para ficar e hoje representam uma fatia importante do faturamento de muitas empresas.

Daqui em diante, será muito difícil enxergar um ambiente de sobrevivência para empresas que não se adequarem e não considerarem a venda online como um dos canais de faturamento da organização.

No ambiente virtual, assim como existem muitas oportunidades, também existem vários desafios a serem enfrentados, pois a forma de abordagem aos clientes é diferente em relação ao ambiente físico. Além disso, a velocidade, os múltiplos canais de comunicação e o alto nível de exigência deste público, deixam evidentes as empresas profissionais e as amadoras. Portanto, buscar conhecimento e se preparar são fatores muito importantes para permanecer na disputa pelas vendas online.

Designed by pikisuperstar / Freepik

3. BENEFÍCIOS DE VENDER NO MERCADO LIVRE

Você até pode e deve ter um site próprio, pois traz mais credibilidade ao negócio, quando falamos de presença digital. Entretanto, é importante ter em mente que para fazer um site funcionar de verdade, é necessário dedicação de tempo e dinheiro. Isso porque existem grandes *players* no mercado que passaram pelo processo de consolidação e, para que isso acontecesse, investiram muito, como é o caso do Mercado Livre.

Portanto, a sugestão é que você tenha o maior número de canais online possível, assim você terá maiores oportunidades de concretizar suas vendas e além disso, irá pulverizar as vendas em diversos pontos, permitindo que você tenha margens de lucro diferentes. Como o tema deste livro é o Mercado Livre, focaremos nele para dissertar sobre as oportunidades desse canal.

Primeiro ponto importante que deve considerar é que, quando comparado ao site da sua empresa, a dinâmica de consumo acontece de maneira diferente. Compare o seu site como uma loja de rua, onde você está ao lado de várias outras lojas de diversos segmentos e, muito provavelmente, com concorrentes mais distantes da sua localização, ou seja, existe a concorrência, porém, com um certo distanciamento. Já em um marketplace, como é o caso do Mercado Livre, você está em um grande shopping virtual, onde é possível comparar os seus produtos com os dos concorrentes de maneira muito rápida e fácil.

Se, teoricamente, o assédio da concorrência em um site próprio é menor do que em um marketplace, por que então ingressar no Mercado Livre e enfrentar toda esta competição?

Vou pontuar alguns benefícios para que você possa avaliar a viabilidade de competir nesse mercado.

O primeiro deles é a estrutura que o Mercado Livre oferece aos vendedores. Implementar uma logística que vá do atendimento inicial até a entrega do produto ao cliente, custaria muito tempo e dinheiro se você tentasse fazer isso por conta própria. Além disso, existe uma grande equipe por trás dessa estrutura, preocupando-se em tornar o processo cada vez mais eficiente, deixando toda a complexidade longe da preocupação dos vendedores. É claro que tudo isso é mantido através do comissionamento cobrado para usufruir da plataforma, mas falaremos disso mais à frente.

O segundo ponto é que, apesar de existir a cobrança do comissionamento e das regras específicas da plataforma, se você colocar na ponta do lápis todas as facilidades que o Mercado Livre oferece, para que o seu foco esteja exclusivamente nas vendas, vale a pena o investimento. Pense que, se a sua formação de preço estiver correta e as estratégias comerciais bem definidas, o comissionamento não será um agravante. Portanto, você estará em um ambiente de alta conversão, com a vantagem de ter um baixo custo de investimento.

Como terceiro ponto temos a visibilidade. As pessoas que acessam o Mercado Livre estão predispostas a consumir, assim como em um shopping físico. Mesmo que a pessoa diga que só vai dar uma olhada, no fundo, o que ela quer mesmo é comprar. Considerando o volume de acessos por dia na plataforma, a chance de conversão de vendas é muito grande, principalmente se considerarmos os algoritmos de indexação de sites dos buscadores, como por exemplo o Google. As chances do seu produto ser visto por muitas pessoas são altas, e quanto maior este funil de vendas, maiores serão as suas chances. Explicarei de maneira descomplicada mais à frente como tudo isso funciona.

E como quarta vantagem temos a autoridade da empresa Mercado Livre. Antigamente, as pessoas tinham muita preocupação em comprar nesse tipo de plataforma e com razão, pois a reputação dos vendedores não era tão boa como agora e a chance do cliente não receber o produto de acordo com o anunciado era grande. Atualmente, o Mercado Livre tem cada vez mais aprimorado as suas políticas de validação de conta e reputação, com o objetivo de trazer mais segurança, tanto para quem compra como para quem vende. Com essa postura, o Mercado Livre vem se consolidando cada vez mais como a maior plataforma de compras da América Latina.

Nos próximos capítulos apresentarei algumas estratégias para reduzir os valores de comissionamento e técnicas para direcionar as próximas compras do consumidor para o seu site.

Crédito/imagem: Mercado Livre

4. DEFININDO O PRODUTO

Designed by pikisuperstar / Freepik

4.1. TENDÊNCIAS

Algumas pessoas irão dizer que o Mercado Livre vende por si só e que é só criar o anúncio e pronto, porém não é bem assim, como falei anteriormente. Vender não quer dizer ter resultados e, para ter resultados, é necessário fazer as coisas da maneira correta.

A primeira tarefa para conseguir obter resultados é entender o que as pessoas estão comprando e para isso, como regra básica, você deve utilizar a sessão *Tendências*[1] do Mercado Livre. Nela, você irá encontrar diversas informações para utilizar como parâmetro e avaliar se o que você pretende vender está nas preferências dos consumidores.

Nesta sessão, você encontrará agrupamentos por categorias, além das buscas mais populares na plataforma.

---

[1] *https://tendencias.mercadolivre.com.br/*

Outra forma de consultar as buscas mais populares é através da própria barra de buscas no topo da plataforma. Ao digitar o produto, automaticamente ela vai se autocompletando com os termos mais procurados, relacionados à sua procura. Esses termos poderão ser utilizados, por exemplo, para formatar o título do seu anúncio, aumentando as possibilidades de visibilidade. Entretanto, a sessão *Tendências* traz essas informações de maneira mais completa.

Mas calma, se o seu produto não estiver entre as tendências, não quer dizer que você não consiga vendê-lo no Mercado Livre, pelo contrário, pode até ser que você tenha encontrado um nicho ainda não explorado na plataforma.

Basicamente, e é claro que não é somente isso, mas os produtos que estão em destaque nas tendências colocam o seu produto em uma situação de maior concorrência, porém com maior procura. Tratando-se de produtos que não são apresentados como destaque na sessão *Tendências*, estes, enfrentarão concorrência menor ou não profissionalizada. Entretanto, terão uma procura menor e, quanto menor o funil de vendas, menores são as chances de conversão.

Nas duas situações apresentadas existem chances de conversão, só depende da utilização de técnicas específicas para cada um desses cenários.

Sendo assim, a primeira etapa deve ser navegar pela sessão *Tendências* e encontrar as categorias e subcategorias em que o seu produto está enquadrado e, a partir deste ponto, acessar os anúncios existentes para iniciarmos as devidas análises.

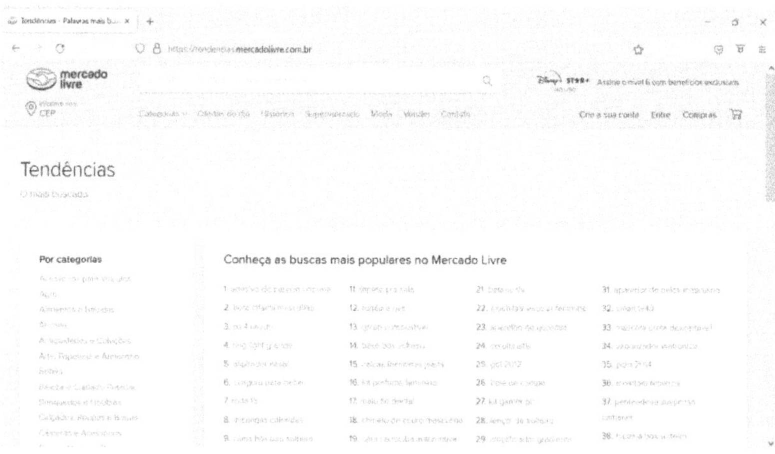

Estando na categoria e subcategoria do item que você deseja comercializar no Mercado Livre, sugiro que você filtre pelo menos os 30 primeiros anúncios para fazer esta análise. Entendo que é uma etapa trabalhosa, mas é muito importante para que você consiga os melhores resultados, pois apenas uma pequena parcela dos vendedores cumpre estas tarefas, e os que a realizam, com certeza obtém resultados superiores ao da grande maioria.

Lembre-se que, o Mercado Livre, já tendenciou o consumidor quando ordenou a lista de produtos pelos mais relevantes, e ele faz isso para que as pessoas tenham a melhor experiência em suas buscas, com base em seu algoritmo, sobre o qual falaremos em detalhes mais à frente.

O importante para você saber neste momento é que, o consumidor tem pressa e, é fato, ele não ficará pesquisando o item infinitamente. Apenas fará a comparação dos primeiros anúncios e efetuará a sua compra. Por isso, é muito importante que o seu produto esteja classificado entre os primeiros.

Para que isso aconteça, explicarei mais à frente como você deve preparar o anúncio, de forma que ele tenha um diferencial em relação aos da concorrência.

Porém, neste momento devemos nos atentar à nossa pesquisa de tendências.

4.2. O QUE VENDER

Se você ainda não definiu o que vender no Mercado Livre, a própria plataforma disponibiliza um recurso muito interessante para auxiliá-lo na escolha. Acessando a sessão *Tendências*, você encontrará os itens que estão em alta na plataforma e a partir daí, poderá definir os produtos que teria mais facilidade em comercializar.

O primeiro ponto a ser observado é a demanda, ou seja, quando pesquisar o item desejado dentro das categorias e subcategorias, observe a quantidade de anúncios exibidos. Analise o nível de dificuldade que você teve para localizá-lo na plataforma.

Pelo volume de anúncios e quantidade de vendas realizadas, é possível observar se o item possui uma demanda real no Mercado Livre ou não.

Em relação à demanda, podemos dividi-la para facilitar a análise: Nichada ou Técnica, Commoditie, Sazonal, Desejo e Tendenciada.

É importante saber em quais dessas divisões o produto se enquadra, para que você possa utilizar a estratégia correta para cada cenário.

Seguem algumas características básicas de cada uma delas:

A) NICHADA OU TÉCNICA:

São demandas para itens em que o comprador tem conhecimento, mesmo que básico, sobre as especificações, para realizar a comparação antes de adquirir o produto. Portanto, esse cliente estará atento ao que o vendedor escreveu e especificou sobre o produto. Ele estará atento aos detalhes, não que os outros compradores também não façam essa análise, mas este, fará a sua pesquisa com muito mais afinco, pois é provável que, a escolha errada, poderá não atender às suas necessidades. Este padrão de comprador não está necessariamente preocupado com o preço, mas sim, com as especificidades do item e qual a capacidade de solução para o problema que ele está enfrentando. Sendo assim, você deve caprichar ainda mais nos detalhes para este tipo de anúncio, quanto mais informações técnicas, melhor.

B) COMMODITIE:

Commodities são produtos produzidos em larga escala e que não apresentam grandes diferenciais.

Se o produto que deseja comercializar está enquadrado nessa categoria, fique atento, pois para competir no Mercado Livre, saiba que precisará fazer isso com preços muito atraentes aos olhos do consumidor. Para isso, será necessário ter fornecedores bem estratégicos e comprar em um volume considerável, para obter preços de aquisição que permitam algum lucro. A estratégia aqui é: comprar bem e obter alguma margem vendendo no volume.

Fique atento ao volume de compra e venda, pois nesta categoria, o que prevalece é a velocidade do ciclo de compra e venda, visto que, produtos commodities, tendem a cair no desinteresse do cliente muito rapidamente. Sendo assim, fortaleça as suas ações de venda para aproveitar ao máximo a curva de ascensão do item.

C) SAZONAL:

O produto sazonal apresenta algumas características similares aos da categoria commoditie, em relação à velocidade e ciclo de vida. Entretanto, não necessariamente são iguais no quesito preço.

Os produtos sazonais levam esse nome por serem produzidos e comercializados exclusivamente em determinadas épocas do ano e que podem variar de região para região.

Apesar de ter uma concorrência elevada, pois outras empresas também buscam potencializar as suas vendas nesta categoria, você pode utilizar estratégias de kits e itens adicionais, formando uma espécie de combo, para se diferenciar da concorrência.

Aqui vale também a dica de se atentar aos estoques, pois comprar errado este tipo de item, pode ocasionar em prejuízos, visto que, após o período de sazonalidade, é provável que as vendas fiquem estagnadas e nesse caso, a maneira de eliminar os estoques parados, seria reduzir os preços e, consequentemente, as margens de lucro.

D) DESEJO:

Nessa categoria, o que prevalece não necessariamente é o preço, mas sim, o quanto seu produto é cobiçado pelos potenciais compradores. Não somente os produtos de desejo, mas em especial nesta categoria, as fotos do item devem ser impactantes, de boa qualidade, ambientadas e bem focadas nos detalhes. O comprador deve conseguir sentir o produto e cabe ao vendedor, fazer com que ele tenha boas impressões sobre o item, para que seu desejo se converta em vendas. Nos capítulos posteriores, apresentarei a você, algumas estratégias para potencializar os anúncios e deixá-los mais persuasivos.

E) TENDENCIADA:

Com certeza, você já viu produtos que aparecem "meio que sem querer" em novelas, filmes, seriados, programas de auditório, enfim, em vários entretenimentos apresentados na TV. Apesar de parecer estarem ali ao acaso, eles foram estrategicamente posicionados, de forma que as pessoas o percebessem, sem que ficassem, contudo, incomodados com o anúncio no meio da trama. No marketing, esta técnica é chamada de marketing indireto.

Descubra quais produtos estão no auge em novelas, séries e filmes da atualidade. Perceba quais estão no gosto das celebridades. Aproveite a visibilidade que esses itens estão recebendo e utilize-a como oportunidade para gerar vendas.

Tratando-se das divisões de demanda pontuadas neste capítulo, não necessariamente o item precisa pertencer a uma única categoria. Ele pode estar em uma categoria mista, como por exemplo, ser um item nichado e ainda assim ser de desejo do consumidor. Ou ainda ser sazonal e, ao mesmo tempo, uma commoditie. Independentemente da categoria que estiver alocado o seu produto, é muito importante uma análise minuciosa do mercado de atuação para que, a estratégia esteja adequada e permita rentabilizar ao máximo a sua comercialização.

ANÁLISE POR AMOSTRAGEM:

Na sequência faremos um filtro dos trinta primeiros anúncios que apareceram em sua pesquisa, pois eles servirão de parâmetro de análise da concorrência. Estaremos dividindo a nossa análise em: qualidade do anúncio, reputação dos vendedores, vendedores líderes, anúncios disponibilizados no Mercado Envio Full e produtos disponíveis no Mercado Envio Flex.

Essa divisão permitirá entender um pouco mais sobre a concorrência e os desafios de ingressar com o produto na plataforma. Lembre-se que, o algoritmo do Mercado Livre, sempre priorizará o que poderá trazer mais conforto e satisfação nas buscas aos compradores e, ao mesmo tempo, gerar maior rentabilidade à plataforma.

Quanto mais características como essas forem apresentadas dentre os trinta primeiros anúncios, maior será a barreira de entrada para alavancar o seu produto. Entretanto, isso não quer dizer que não conseguirá vendê-lo na plataforma. Nos capítulos posteriores explicarei melhor como você poderá ser mais competitivo, mesmo num ambiente onde a concorrência é muito forte.

A) QUALIDADE DO ANÚNCIO:

A qualidade e padrão do anúncio diz muito aos clientes sobre a reputação da sua empresa. Portanto, preste muita atenção nos anúncios que você selecionou para fazer a análise, pense como o comprador, perceba se o padrão do anúncio está atrativo aos olhos de quem vai comprar o produto. Muitas vezes, o cliente deixa de comprar não pelo preço ou produto, mas apenas pelo fato de o descritivo do produto estar incompleto ou desinteressante. Lembre-se que, no ambiente virtual, você deve utilizar todas as maneiras possíveis para reter o cliente com imagens e informações bem elaboradas.

Se neste ranking de anúncios selecionados para a análise você encontrar muitos anúncios que não atendem a este pré-requisito, isso será um ótimo sinal, pois significa que você estará lidando com uma concorrência amadora. Sendo assim, terá uma excelente oportunidade de ocupar um espaço que ainda não está profissionalizado, podendo proporcionar um bom resultado em vendas.

Mais à frente, estarei explicando como você poderá criar anúncios profissionais, que podem resultar em ótimas oportunidades de vendas.

B) REPUTAÇÃO DOS VENDEDORES:

A reputação se refere à qualidade do atendimento que você oferece. Este indicador é dinâmico e passa por alterações conforme as vendas acontecem. Esta é a primeira etapa em relação aos níveis que indicam a qualidade da sua conta. Nos capítulos posteriores, veremos mais detalhes sobre a reputação da conta.

C) VENDEDORES LÍDERES:

Os vendedores na categoria MercadoLíder correspondem aos vendedores que possuem uma quantidade considerável de vendas e faturamento dentro da plataforma. Atualmente, o MercadoLíder está dividido em três níveis: o inicial, o Gold e o Platinum.

Estar nesta categoria lhe confere algumas vantagens, como: atendimento personalizado, prioridade na exposição dos seus anúncios, descontos em seus envios, entre outras vantagens. Mas, para isso, você deverá atender a alguns pré-requisitos dentro de um determinado período de vendas.

Saiba mais em: https://www.mercadolivre.com.br/ajuda/como-se-tornar-mercadolider_1359

D) ANÚNCIOS DISPONIBILIZADOS NO MERCADO FULL:

Uma das principais vantagens do Full é que, independentemente do dia e horário, seus produtos estarão sempre prontos para serem enviados ao comprador e isso é um grande diferencial competitivo, visto que, ninguém gosta de esperar para receber seu pedido. Nesta modalidade, 70% dos pedidos são entregues dentro de 24h e, em alguns casos, dependendo do horário do pedido, o item poderá ser entregue no mesmo dia, o que demonstra todo o poder logístico da plataforma.

Utilizando o Full, seu produto fica sob a guarda do Mercado Livre, que organizará toda a logística até a entrega ao comprador, ou seja, você não precisará se preocupar com a armazenagem, separação e expedição do item após a venda.

Lembrando ainda que, produtos nessa modalidade, possuem maior visibilidade nos resultados de buscas, além de um filtro próprio para a categoria.

Saiba mais em: https://www.mercadolivre.com.br/l/envios-full

E) PRODUTOS DISPONÍVEIS NO MERCADO FLEX:

Essa modalidade também possui prioridade na exibição dos anúncios e filtro próprio nas buscas. Dentre todas as modalidades, esta é a que chegará mais rápido ao comprador.

A diferença logística nesta categoria é que, o vendedor é quem faz a entrega do produto, com veículos próprios ou através de entregadores (basta que o motorista utilize o app Mercado Envio Flex) e em contrapartida, o Mercado Livre, subsidia parte dos seus custos com o frete, desde que, o seu anúncio se enquadre em frete grátis.

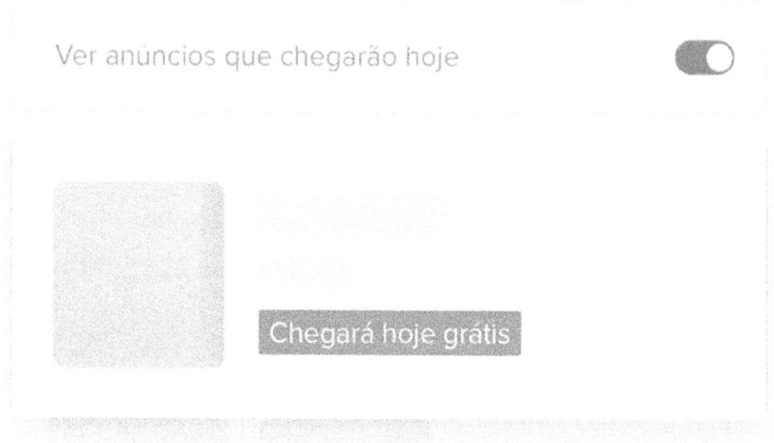

Saiba mais em: https://envios.mercadolivre.com.br/mercado-envios-flex

4.3. ENCONTRANDO FORNECEDORES

Hoje em dia é muito fácil encontrar fornecedores de produtos para revender. Inclusive, em algumas das formas, você nem precisará sair da frente do seu computador.

Nos capítulos anteriores deste livro, você aprendeu como identificar as demandas, ficando mais fácil descobrir quais as redes de fornecedores são mais apropriadas a elas.

COMÉRCIO LOCAL:

O comércio local é uma das maneiras mais simples de encontrar fornecedores, pois além de estar geograficamente próximo, ainda possui a vantagem de ser um ambiente onde você tem um domínio de conhecimento e afinidade maior.

Procure produtos que sejam diferentes e com custo acessível. Repare também no estoque e na velocidade de reposição do produto, pois o pior cenário nos marketplaces é, vender e não conseguir entregar. Portanto, converse com o fornecedor e veja se existe alguma limitação quanto a isso. E aqui uma estratégia importante, não necessariamente precisará comprar e fazer estoque desse produto, a não ser que seja algo escasso ou de difícil reposição. Você poderá apenas fotografá-lo e é lógico, respeitando as regras de qualidade de imagem e outras dicas que lhe estarei ensinando mais adiante, publicar o anúncio do produto e, se ocorrer a venda, aí sim, você fará a aquisição para entregar e despachar o pedido para o seu cliente. Essa é uma forma de vender sem ter estoque, sem correr o risco de comprar um item que ficará encalhado na sua empresa.

FABRICANTE LOCAL:

Assim como o comércio local, o fabricante local funciona de maneira similar. Entretanto, a grande vantagem de comprar do fabricante é que, você pode garantir melhores preços de venda ao seu cliente, além de conseguir escalar melhor o seu volume de vendas.

Porém, aqui existe um ponto a ser analisado. É importante não chegar divulgando ao fabricante qual será a sua estratégia de vendas para o produto dele, pois os fornecedores estão atentos a uma tendência que já é realidade em muitos lugares, que é a venda direta ao consumidor. O fornecedor percebeu que, vender direto ao consumidor final sem que haja um atravessador diminuindo seus lucros é muito vantajoso. Muitos fornecedores já estão diminuindo a sua cadeia de atravessadores e melhorando a sua logística para atender este consumidor, aumentando as suas margens.

Porém, nem todos tem essa facilidade e preferem manter a sua rede de distribuição, ao invés de tentar ajustar a sua estrutura para atender a ponta da cadeia de consumo, sendo este, o perfil ideal de fornecedor que você deve procurar.

ALIBABA E WISH:

Plataformas de itens importados podem ser uma grande oportunidade, pois nem todos confiam em comprar diretamente nestes canais.

Portanto, comprar nestes canais e revendê-los permite, em alguns casos, uma margem bem interessante.

Os pontos negativos estão relacionados ao prazo de entrega, a necessidade de pagar pelos itens muito antes de recebê-los e a possibilidade de o item não corresponder exatamente ao anúncio.

Neste caso, há a necessidade de se ter um valor em caixa antes de iniciar as vendas, visto que, normalmente o tempo de espera para o recebimento dos produtos é de aproximadamente 90 (noventa) dias ou mais.

GOOGLE:

O Google é o caminho mais tradicional para encontrar novos fornecedores. Como hoje, praticamente tudo, mas tudo mesmo, pode ser encontrado neste buscador você não terá dificuldades ao fazer isso.

Aqui uma dica, normalmente as pessoas desistem da sua busca a partir da segunda página em diante, sendo assim, vale a pena você continuar por mais algumas páginas para ver se encontra algo interessante um pouco mais à frente. Às vezes, fornecedores menos ranqueados neste buscador podem lhe oferecer um ótimo custo benefício durante a compra.

EMBALAGENS DE PRODUTOS:

Todo produto que você compra possui obrigatoriamente as informações do fornecedor. Com isso, você poderá chegar até o fabricante do produto. A partir daí, é só realizar o contato para obter informações sobre preços, prazos de entrega e quantidades mínimas de compra.

JUCESP:

JUCESP é a Junta Comercial do Estado de São Paulo, em cujo banco de dados todas as empresas em atividade no estado de São Paulo podem ser encontradas (*www.jucesponline.sp.gov.br*). No site, você poderá encontrar novos fornecedores através de palavras-chave do segmento. Veja o passo a passo:

Acesse o site: https://*www.jucesponline.sp.gov.br*

Clique em pesquisa avançada.

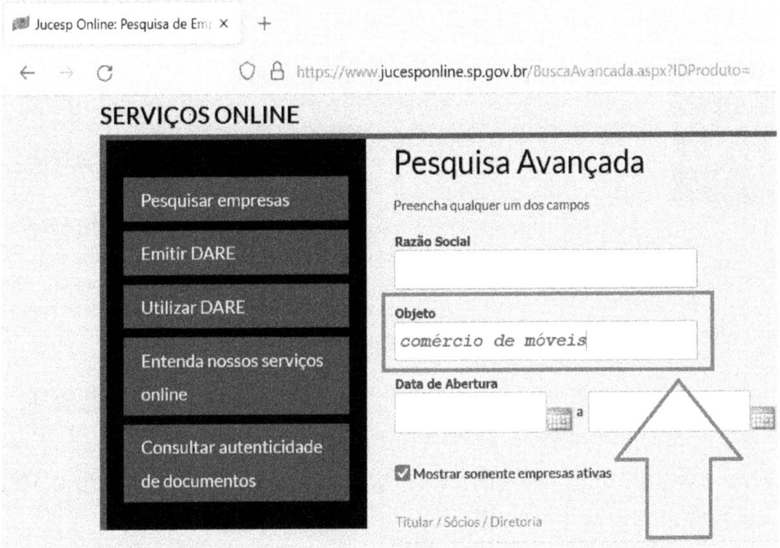

Digite o segmento que deseja pesquisar.

Clique em pesquisar e aguarde.

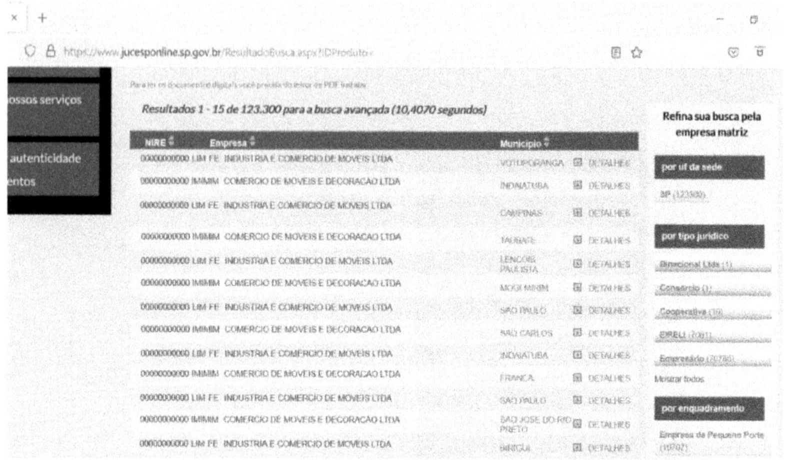

Será exibida uma relação de empresas que correspondem a sua pesquisa.

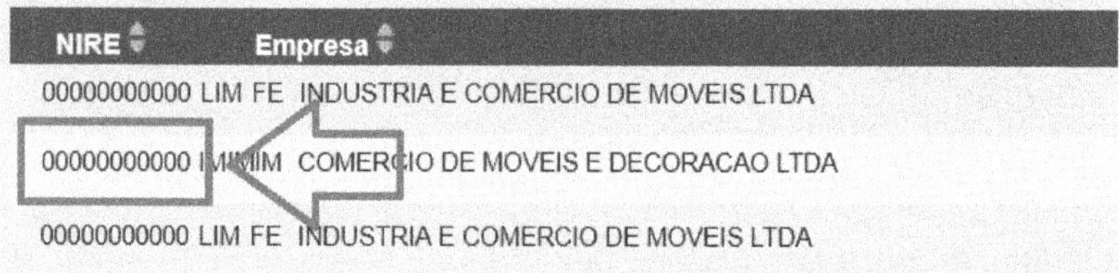

Clicando no NIRE, você obterá mais informações para estabelecer contato com a empresa.

MERCADO LIVRE:

Sim, Mercado Livre! Mas como assim? Vou comprar no Mercado Livre e vender no próprio Mercado Livre?

A estratégia aqui é muito simples de ser explicada e para isso trarei um exemplo fictício para ilustrar:

Vamos imaginar hipoteticamente que um determinado tênis custa R$ 100,00 em um anúncio do Mercado Livre, possui o prazo de entrega de um dia e está no Mercado Full.

Você pode criar um anúncio com base neste que você acabou de ver (mais à frente explicarei técnicas para que você possa fazer esta réplica de anúncio da maneira correta). Como o prazo do anúncio original é de um dia, anuncie o seu com prazo e preço um pouco acima. Dessa forma, se você vender através do seu anúncio, é só comprar o item do anúncio que você copiou e despachar para o comprador. Lembre-se de calcular corretamente os prazos para que não entregue o item atrasado. Vale lembrar também sobre a importância de verificar o estoque do anúncio, pois se forem poucos itens é provável que, quando você for buscar o anúncio novamente para concretizar a compra, não esteja mais disponível.

Esta é uma excelente estratégia para que você possa fazer suas vendas, obter lucro e ainda por cima não precisar se preocupar em ficar com itens encalhados no estoque. Você só terá que comprar se vender.

Como você pode ver, existem muitas possibilidades de encontrar fornecedores, para que você possa ingressar nas vendas online. O importante é encontrar um nicho ainda pouco explorado ou onde a concorrência não esteja profissionalizada, e dessa forma, você diminui a barreira de entrada e aumenta as suas chances de sucesso. Porém, não pense que será uma tarefa fácil, pois exigirá muita dedicação e atenção de sua parte. Não tente fazer rápido demais e de qualquer jeito. Faça com atenção e muito senso analítico.

4.4. PRECIFICAÇÃO

O preço é um dos pontos mais importantes de todo o processo de ingresso no meio online, pois ele define o sucesso ou fracasso do projeto. Não adianta ter um excelente faturamento, mas não obter lucro.

Na maioria dos processos de consultoria em que atuo, a precificação, é um dos principais problemas que encontro nas empresas. Uma boa parcela precifica os seus produtos com base apenas em seus concorrentes e acabam deixando de lado outros fatores extremamente importantes na formação de preços.

Muitas vezes, o grande volume de vendas de um determinado item, causa a falsa impressão de resultados efetivos. O produto pode representar parte expressiva do faturamento da empresa, entretanto, se vendido com preço incorreto, poderá contribuir muito pouco para a lucratividade da empresa, ou o que é pior, pode estar deixando um prejuízo a cada venda. É comum empresários me relatarem que trabalham demais e não percebem nenhum lucro no final do mês. Isso pode ser um sintoma de que algo não está correto em relação à precificação.

O que você vai aprender neste capítulo é como formular o preço correto para o seu produto, considerando todos os fatores que impactam nessa precificação.

Os principais fatores que você precisa considerar são:

- Despesas e custos fixos envolvidos para garantir o funcionamento da sua empresa;
- Custos envolvidos com a logística de frete, do seu fornecedor até a sua empresa e da sua empresa até o consumidor;
- Custos de embalagem;
- Custos variáveis envolvidos na venda deste item;
- Percentual de comissionamento do Mercado Livre;
- Percentual de frete cobrado pelo Mercado Livre;
- Lucro desejado;

- Preço de mercado, ou seja, por qual preço os concorrentes oferecem este mesmo item aos consumidores;
- Seu diferencial em relação aos concorrentes que vendem o mesmo item oferecido por você.

Nos parágrafos seguintes, iremos detalhar um pouco mais cada um desses fatores que influenciam no preço do seu produto.

Primeiro fator a ser analisado é quanto a sua empresa possui de despesas e custos fixos mensais, ou seja, quanto a sua empresa precisa pagar mensalmente, mesmo que não haja nenhuma venda. Alguns exemplos de despesas e custos fixos são: aluguel, energia, água, telefone, internet, contador, seguros, funcionários, pró-labore, ou seja, todas as despesas que são necessárias para que a sua empresa funcione.

A cada produto vendido, este deverá contribuir com uma parte dessas despesas e custos fixos. Portanto, na formação de preços de cada produto, devemos incluir um percentual para que, a cada venda, parte deste valor seja acumulado para pagar essas despesas e custos fixos.

Quanto menor esse percentual de contribuição, mais vendas serão necessárias para pagar as despesas e custos fixos, ao mesmo tempo que o seu preço de venda será menor. Sendo assim, você terá um preço mais competitivo, porém, terá um maior esforço para fazer volume de vendas.

Quanto maior esse percentual de contribuição, menos vendas serão necessárias para pagar as despesas e custos fixos. Entretanto, maior será o seu preço de venda. Sendo assim, você terá um preço menos competitivo, porém, necessitará de menos esforço em volume de vendas.

O ideal é que haja equilíbrio entre preço e esforço.

Em relação aos custos envolvidos com a logística de frete, do seu fornecedor até a sua empresa e da sua empresa até o consumidor, temos alguns erros comuns que acontecem durante a fase de precificação. Não considerar o frete na composição do preço é algo grave, pois poderá afetar diretamente o seu lucro.

Imagine que você adquiriu um produto no seu fornecedor pelo valor de R$ 10,00, sendo que para o fornecedor lhe entregar esta mercadoria, ele cobra R$ 5,00 de frete. Ainda considerando este cenário, para despachar este produto para o seu cliente, imagine que você tenha um custo médio de R$ 2,00. Neste cenário de logística, o valor que você deve considerar como custo base para cálculo de preço de venda, deverá ser de R$ 17,00 e não apenas os R$ 10,00 de custo efetivo do produto comprado, pois alguém terá que custear essa logística de frete e, nesse caso, será o cliente.

Outro erro muito comum que vejo acontecer, é não computar os custos de embalagem na formação de preços. Em alguns casos, não recomendo que o custo de embalagem seja rateado entre todos os produtos, pois isso pode deixar alguns itens menos competitivos, pelo fato de nem todos utilizarem as mesmas quantidades e tipos de embalagens.

Recomendo que cada item seja analisado minuciosamente, medindo, pesando e calculando todos os materiais necessários para a embalagem, ficando assim, uma formação de preço muito mais precisa.

Inclua o percentual de comissionamento do Mercado Livre de maneira correta. Para cada tipo de anúncio existe um comissionamento diferente.

No caso do percentual de frete cobrado pelo Mercado Livre, segue-se a mesma regra em relação ao comissionamento da plataforma.

Saiba mais em: https://www.mercadolivre.com.br/ajuda/quanto-custa-vender-um-produto_1338

Sobre o lucro, é necessário entender melhor sobre a lucratividade do setor em que você atua. Entretanto, aqui não existe necessariamente uma regra, pois tudo depende da percepção de valor que seu produto traz ao consumidor.

O preço final do seu produto também pode variar de acordo com o preço de mercado cobrado pelos seus concorrentes e em relação ao diferencial que você oferece, quando comparado à concorrência.

Exemplo:

Custo de aquisição	R$ 10,00
Custo de frete de compra	R$ 5,00
Custo de embalagem	R$ 2,00
================================	
Total de custo do produto	**R$ 17,00**

A) Despesas e custos fixos mensais da empresa = R$ 10.000,00

Formação de preço:

B) Custo variável (34%) R$ 17,00

C) Impostos (7%) R$ 3,50
(esse percentual corresponde à sua alíquota do Simples Nacional ou outro regime tributário que sua empresa esteja enquadrada, ou seja, qual o percentual que você pagará ao emitir a nota fiscal deste produto. Informe-se com o seu contador)

D) Mercado Livre (16,50%) R$ 8,25
(percentual pago ao Mercado Livre pela intermediação da venda)

E) Frete ML (14%) R$ 7,00
(percentual de frete cobrado pela plataforma)

F) Margem de contrib. (20%) R$ 10,00
(Margem de contribuição: significa que, cada produto vendido, contribuirá com R$ 10,00 para

pagar as despesas e custos fixos no total de R$ 10.000,00 mensais)

G) Lucro (8,5%) R$ 4,25
(quanto sobrará livre para a sua empresa)

==================================

H) Total (100%) R$ 50,00
(seu preço de venda)

Ou seja, neste cenário de precificação, será necessário faturar R$ 50.000,00 (correspondente à venda de 1.000 itens), para pagar as despesas e custos fixos de R$ 10.000,00 mensais, sobrando um lucro de R$ 4.250,00.

Fórmula para calcular quanto será necessário faturar para ter lucro:

Faturamento = (A / F) X 100
Faturamento = (10.000,00 / 20) X 100
Faturamento = 500,00 X 100
(I) Faturamento = 50.000,00

Fórmula para calcular quanto será necessário faturar para não ter lucro, mas também não ter prejuízo:

Faturamento = (A / (F + G)) X 100
Faturamento = (10.000,00 / (20 + 8,5)) X 100
Faturamento = (10.000,00 / 28,5) X 100
Faturamento = 350,88 X 100
(I) Faturamento = 35.088,00

Fórmula para calcular quanto será necessário vender em quantidades de itens, para atingir a meta de faturamento:

Quantidade = I / H
Quantidade = 50.000,00 / 50,00
Quantidade = 1.000 (com lucro)

ou

Quantidade = I / H
Quantidade = 35.088,00 / 50,00
Quantidade = 702 (sem lucro e sem prejuízo)

O mais importante de tudo isso é ter a consciência, se o produto que você pretende comercializar retornará algum lucro ou não. Lembre-se que, faturamento alto não quer dizer que a sua empresa esteja tendo resultados, pois vender sem precificar corretamente, poderá causar grandes prejuízos ao seu caixa.

5. ANÚNCIO

Designed by slidesgo / Freepik

5.1. DEFININDO A ESTRATÉGIA

PÚBLICO ALVO VS PERSONA:

É importante ter bem claro qual será a sua estratégia de comercialização, pois de nada adianta você ter um bom fornecedor, um bom produto, logística bem definida e precificação correta, se você não sabe quem irá consumir o seu produto.

Conhecer o seu público alvo é essencial para que você possa satisfazer o mercado e se diferenciar, entregando valor ao seu cliente.

Quanto mais você conhecer o seu público, maiores serão as chances de fugir da guerra de preços com a concorrência e de realizar boas vendas.

Duas perguntas são muito relevantes a serem respondidas neste capítulo:

- Quais públicos podem usufruir do seu produto?

- Como se comportam as pessoas que usam o seu produto?

Das duas perguntas acima, a mais simples de se responder é "quais os públicos que podem usufruir do produto que você oferece".

O objetivo será pontuar todos os perfis de pessoas que podem querer comprar o seu produto, por qualquer motivo que seja.

Exemplo:

Perfil	**Motivo**
Dona de casa.	Facilitar os serviços domésticos.
Profissionais da área de limpeza residencial.	Agilizar a limpeza.

A segunda pergunta já é um pouco mais complexa, pois para responder como se comportam as pessoas que usam o seu produto, precisamos definir quem é a sua Persona, e isso vai além da simples análise de seu público alvo.

Quando analisamos o público alvo, as informações não ultrapassam dados superficiais como: faixa etária, gênero, localização, classe social, ticket médio de compra, etc.

Já quando analisamos a persona, os dados são muito mais profundos. A persona é como se fosse o personagem ideal para comprar na sua empresa. Ao definir uma persona, a empresa se aprofunda um pouco mais nas características, costumes, hábitos e personalidade da pessoa, com base em dados de perfil dos seus potenciais consumidores.

Exemplo:

Público Alvo	**Persona**
Idade: 40 a 50 anos.	Maria, é casada, é mãe e mora em São Paulo.
Profissão: Do lar.	O marido trabalha fora e ela se dedica a cuidar da casa e dos filhos.
Possui veículo: Sim.	Maria utiliza o veículo para levar os filhos na escola, ir ao mercado e ao clube, onde pratica atividade física pelo menos 2 vezes por semana.
Renda familiar: R$ 3.500,00	Sobre a renda familiar, que é de R$ 3.500,00, reserva 10% desse valor para o lazer.

Baseando-se na persona, fica muito mais fácil você definir as suas estratégias e campanhas de marketing, para alcançar quem realmente tem potencial de adquirir o seu produto, podendo potencializar ainda mais os seus resultados.

FORMA DE APRESENTAÇÃO DO PRODUTO:

Muitas vezes, a apresentação do seu produto como um único item, pode não ser tão atraente aos olhos do consumidor como você gostaria.

Para exemplificar essa percepção, vamos imaginar o anúncio de um produto ao preço de R$ 10,00 e um frete calculado de R$ 11,50. Na percepção do cliente, o seu produto não está atrativo, pois na verdade, o item custará a ele R$ 22,50. Ainda como agravante, o frete é maior do que o preço do próprio produto.

Porém, imagine que você anuncie o mesmo produto como um kit de 5 produtos iguais por R$ 50,00 e um frete calculado de R$ 11,50. Nesse caso, o produto tornou-se muito mais atrativo, pois o valor unitário do item passou a ser R$ 12,30, ou seja, muito melhor do que os R$ 22,50 do anúncio anterior.

Outra estratégia muito interessante é a montagem de combos. No combo você deverá agregar itens que se conectam ao produto principal. Por exemplo, se o seu produto principal fosse um sabonete, uma boa ideia seria incluir um hidratante, um acessório para armazenar o sabonete, enfim, quaisquer itens que complementem a aquisição do cliente. Elaborar vários anúncios com combos diferentes tendo como foco o produto principal, também é uma boa opção nesse caso.

Utilizando essas estratégias, além dos seus produtos ficarem muito mais atraentes aos olhos do consumidor, você ainda proporciona o aumento do ticket médio e, consequentemente o seu faturamento.

É importante que você aumente ao máximo a sua rentabilidade e, muitas vezes, isso não é possível elevando o preço do produto, pois diminuirá a sua competitividade, ainda mais no Mercado Livre, onde a concorrência é extremamente alta.

Quando o aumento da lucratividade não é possível através da elevação do preço, você pode utilizar outras estratégias, como a análise e diminuição das suas despesas e custos fixos, além dos custos variáveis, como os de logística, embalagem, ou ainda, explorar técnicas de persuasão para direcionar o cliente a outro caminho, para a sua jornada de compras.

Uma das possibilidades que você pode utilizar é a criação de uma loja no Mercado Shop. O Mercado Shop é uma loja virtual da sua empresa dentro do próprio Mercado Livre. Ter a loja dentro da plataforma traz mais credibilidade à sua marca, além de melhorar a sua imagem junto ao Mercado Livre. Saiba que, quanto mais produtos e serviços utilizar dentro do Mercado Livre, maior será o seu relacionamento com ele e isso conta pontos para você.

Outra grande vantagem de possuir a sua loja virtual no Mercado Shop é que, as comprar realizadas nela possuem um comissionamento menor do que quando as vendas ocorrem diretamente no Mercado Livre, fazendo com que seu lucro aumente e ainda contabiliza pontos no seu ranking da plataforma. Entretanto, é muito comum o consumidor não começar a compra pela sua loja, mas sim, realizando a busca diretamente no Mercado Livre, visto que, é o caminho mais natural para quem pensa em comprar algo no Mercado Livre. Porém, se a venda não ocorrer de primeira pela sua loja no Mercado Shop, você ainda pode atrair o cliente para ela nas próximas compras. Uma estratégia a ser utilizada pode ser o envio de cupons de desconto, para serem utilizados exclusivamente na sua loja dentro do Mercado Shop, proporcionando vendas recorrentes.

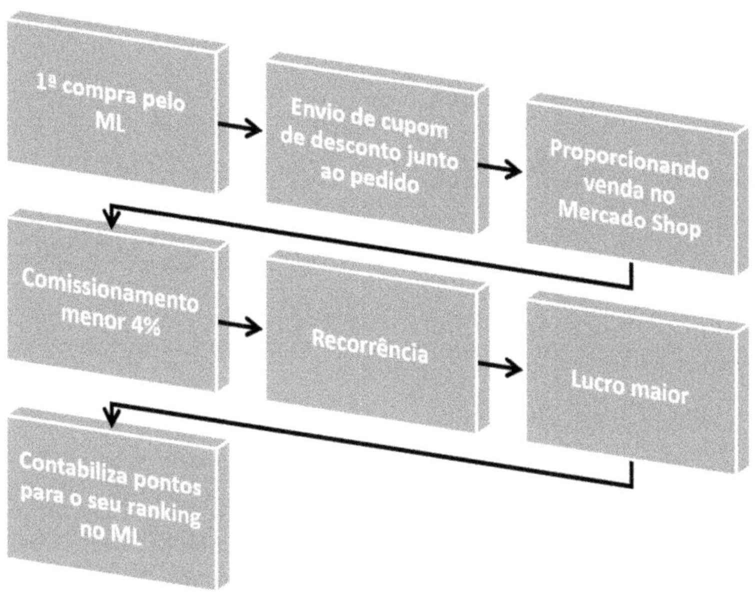

Ainda como uma maneira de aumentar a lucratividade, a mesma estratégia do cupom de desconto se aplica ao seu próprio site, fora da plataforma, e neste caso não existirá o comissionamento do Mercado Livre. Apesar dos consumidores ainda terem um certo receio de comprar em sites que não conhecem, a resistência será menor após eles comprarem da sua empresa pela primeira vez através do Mercado Livre. Para que essa estratégia funcione corretamente você deverá caprichar no atendimento, sobre o que falaremos a respeito nos capítulos a frente.

5.2. CRIAÇÃO

Agora que já falamos de estratégia, chegou o momento de entrarmos na parte técnica, sobre como criar um anúncio de alto desempenho e que seja o mais persuasivo possível a ponto de convencer o consumidor a adquirir o seu produto.

Diferentemente da venda presencial, o único meio de se comunicar com o cliente no meio virtual e convencê-lo sobre a compra é o seu anúncio. Portanto, se pretende ter um bom desempenho no Mercado Livre, será necessário dedicar algum tempo a elaborar, revisar e monitorar os anúncios de forma profissional, pois isso impactará diretamente nos resultados das vendas.

Pontuarei algumas dicas valiosas para a produção do seu anúncio:

1) FOTO: Utilize fotos de boa qualidade, com resolução mínima de 1.000 pixels x 1.000 pixels. O formato quadro é uma boa ideia, visto que maioria das pessoas estarão visualizando o seu anúncio pelo celular. Evite imagens em formato 16:9 na horizontal, pois diminui o espaço de visualização do produto.

16:9
Não recomendável

1:1
Ideal

2) TIPOS DE FOTOS: Utilize pelo menos 4 fotos para cada produto, da seguinte forma e ordem:

2.1) PRODUTO COM FUNDO BRANCO: utilize a primeira foto com fundo branco, sem marcas d'água. Neste caso, para dificultar a reprodução da foto que você produziu, crie uma espécie de *tag* (etiqueta) de forma que você possa incluí-la na imagem, sem que atrapalhe a visibilidade do produto.

2.2) PRODUTO AMBIENTADO: algumas pessoas têm dificuldade em imaginar o produto no ambiente e isso atrapalha a decisão, pois muitas vezes, sem conseguir perceber como o produto ficaria em um determinado local, o consumidor evita errar na compra. Você poderá facilitar esse processo de decisão, simplesmente inserindo o seu produto em um ambiente e, de certa forma, deixando o cliente mais seguro para comprar. Mais à frente, irei sugerir alguns aplicativos que fazem isso com certa facilidade.

2.3) DETALHES DO PRODUTO E/OU ÂNGULOS DIFERENTES: é importante que o consumidor tenha visão de várias perspectivas do produto, visto que, no ambiente virtual, não é possível tocá-lo. Dessa forma você elimina as possíveis dúvidas que o consumidor possa vir a ter em relação às características e ao acabamento do item. Atente-se tanto a detalhes quanto a ângulos. Tente mostrar o que poderia ser relevante e decisivo para a compra.

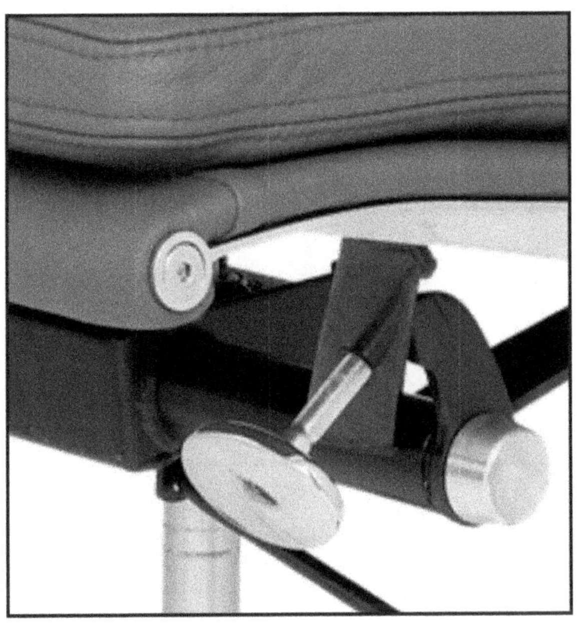

2.4) TABELA DE MEDIDAS (QUANDO APLICÁVEL): utilize uma das fotos para mostrar a tabela de medidas e, dessa forma, evitar a compra equivocada pelo consumidor e a devolução do produto, o que, em alguns casos, diminui a sua reputação no Mercado Livre.

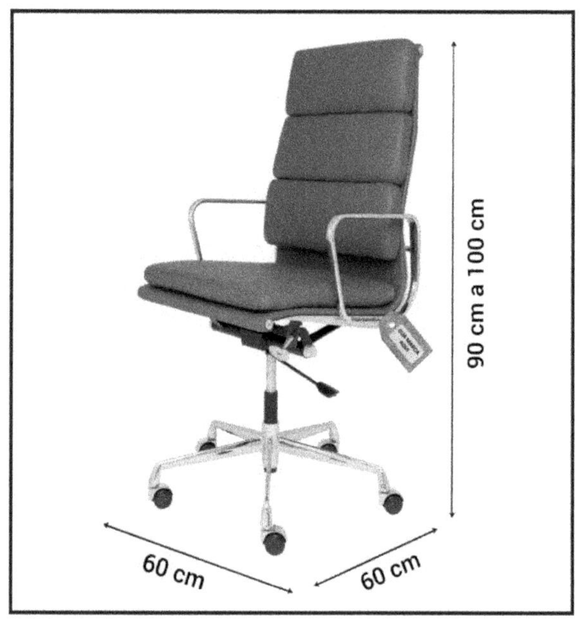

2.5) TEMPLATE DE CARACTERÍSTICAS X BENEFÍCIOS: crie uma imagem mostrando, de um lado, as principais características do produto e, do outro, os benefícios relacionados a essas características. Como você não tem o contato presencial com o cliente, é importante que utilize deste recurso, para aumentar o seu poder de convencimento, instigando o consumidor a decidir pela compra.

CARACTERÍSTICAS	BENEFÍCIOS
Pistão a gás de 120mm.	Garante uma regulagem suave.
Confeccionado em aço tubular.	Suporta até 110kg.
Acabamento em couro sintético.	Sofisticação para o seu home office.

3) **VÍDEOS:** primeiro detalhe técnico importante sobre o vídeo é que, o Mercado Livre não armazena o vídeo na plataforma, ou seja, você precisará criar uma conta no YouTube, fazer o upload e, em seguida, utilizar o link do vídeo gerado pelo YouTube. O que você irá cadastrar no anúncio será o link do seu vídeo hospedado no YouTube.

Utilizar vídeos de demonstração do produto leva o seu anúncio a outro patamar, pois permite a experimentação visual do item. Porém, evite postar vídeos apenas movimentando o produto, girando de um lado para o outro, sem iluminação adequada, desfocado, enfim, não desperdice este excelente recurso com algo mal produzido. Experimente produzir vídeos com você explicando tudo sobre o produto, como por exemplo, as principais características, os benefícios que o cliente terá ao adquirir este item, o porquê o seu produto é diferente em relação aos concorrentes, dentre outros argumentos que possam convencer o visitante a comprar, como se você estivesse ofertando o produto pessoalmente. Dessa forma, além de deixar o cliente mais seguro sobre o produto, você também estará gerando credibilidade perante o seu público alvo.

4) TÍTULO DO ANÚNCIO: toda a parte textual de um anúncio deve ser pensada de forma estratégica, pois é com base na distribuição das palavras ao longo do seu anúncio, que o algoritmo do Mercado Livre determina se ele será exibido de forma relevante ou não ao consumidor. Por isso, é de extrema importância que você pense com a cabeça do seu possível cliente. Pergunte-se como ele procuraria o item, quais palavras ele usaria, quais as possíveis palavras similares ao produto. Compare também a descrição dos anúncios concorrentes mais relevantes, que aparecem no topo das buscas. Veja quais palavras foram utilizadas para compor o título do anúncio.

Quanto mais palavras-chave conseguir incluir dentro do limite de caracteres determinados pelo Mercado Livre, maiores serão as suas chances de figurar no topo das buscas.

Título: 60 caracteres

ANÚNCIOS CONCORRENTES:

-Cadeira Escritório Base Giratória

-Cadeira Diretor Giratória

-Cadeira de Escritório Giratória Corino

SEU ANÚNCIO:

-Cadeira Escritório Giratória Diretor Couro Ecológico

-Cadeira Escritório Giratória Ergonômica Couro Ecológico

5) DESCRIÇÃO DO PRODUTO: aproveite a descrição para utilizar todos os argumentos de convencimento possíveis. A descrição deve ser completa, evitando qualquer tipo de dúvida do cliente. Seja claro e objetivo. Evite somente codificações e siglas difíceis de entender e, se necessário, inclua as explicações desses termos.

Outra dica valiosa: inclua ao longo da descrição, palavras utilizadas no título do anúncio.

Complemente a descrição incluindo as dúvidas mais frequentes sobre o produto, dessa forma você diminuirá a demanda de atendimento a consumidores na plataforma.

Lembre-se de não ser técnico demais e muito menos simplificar ao ponto de se tornar muito óbvio.

Descrição:

A cadeira de escritório giratória diretor em couro ecológico é a melhor opção para quem busca conforto e sofisticação.

Dentre as suas principais características estão:

- *Conforto e durabilidade;*
- *Regulagem de altura;*
- *Apoios de braços confortáveis;*
- *Rodas com deslizamento suave;*
- *Enchimento em espuma de alta densidade;*
- *Suporta até 110kg;*

- Medidas: 60cm de largura x 90cm a 100cm de altura x 60cm de profundidade.

Fazendo a escolha certa:

Escolher uma cadeira adequada é muito importante para evitar futuras lesões. Se você está procurando conforto, essa é a cadeira ideal para o seu home office ou escritório.

Com design inovador, ela se adequa a qualquer ambiente, trazendo sofisticação ao local.

Qualidade:

É muito comum as pessoas adquirirem uma cadeira de escritório que, com o passar de alguns meses, começa a deformar o assento. Com essa cadeira você não passará por esse problema, pois ela foi projetada com espuma de qualidade, que volta ao seu estado normal após o uso.

Conforto:

Projetada para pessoas que passam muito tempo em frente ao computador, ela se adapta às formas do corpo, trazendo uma grande sensação de conforto.

Regulagem:

Com regulagem de altura e encosto, você poderá ajustá-la confortavelmente para as suas medidas.

Além disso, sua base gira 360° permitindo mobilidade e agilidade, o que torna o seu dia muito mais produtivo.

Dúvidas mais frequentes:

1) Posso lavar o assento?
R: *Sim, com detergente neutro.*

2) Preciso lubrificar o pistão?
R: *Não é necessário. Nossa cadeira possui pistão blindado autolubrificante.*

3) É possível substituir as rodinhas quando danificadas?
R: *Sim. Você pode adquirir o nosso kit de reparos.*

6) CAMPO MODELO: para alguns anúncios, dependendo como você classifica o item, é provável que surja o campo "modelo". Se for o caso do seu anúncio, aproveite para preenchê-lo com palavras-chave que auxiliam o algoritmo do Mercado Livre a posicionar melhor o seu anúncio.

7) CÓDIGO EAN (CÓDIGO DE BARRAS): o Mercado Livre valida o código EAN no banco de dados da GS1, para ter certeza de que seu produto é compatível com o que você está anunciando, ou seja, inserir neste campo qualquer informação, diminuirá a credibilidade e alcance do seu anúncio. Portanto, é importante que você adquira códigos de barras válidos para os seus produtos. Outra vantagem de possuir este código é que, seu anúncio passará a ser exibido no Google Shopping (aquelas miniaturas de produtos e preços que aparecem no topo das buscas, quando você faz uma busca por algum produto no Google).

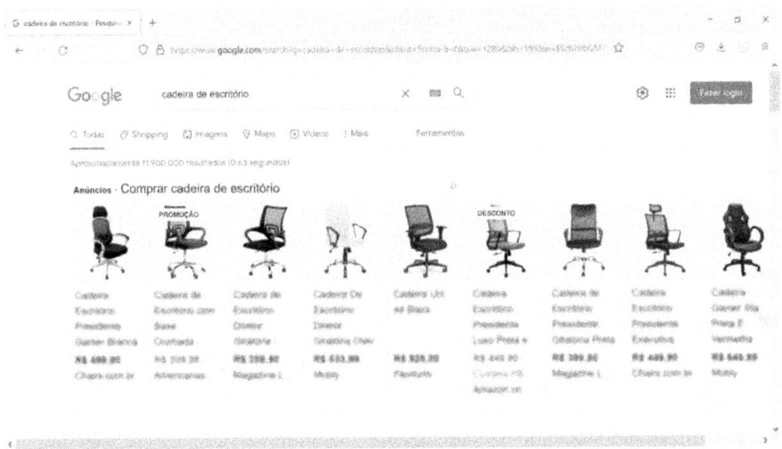

8) FORMA DE RETIRADA DO PRODUTO PELO COMPRADOR: se a sua conta no Mercado Livre é nova, não utilize a opção "retirar no local", pois a plataforma não contabilizará essa venda no algoritmo. Então, ao vender por este anúncio, ele não irá ajudar a melhorar o ranking da sua conta. O Mercado Livre quer que você utilize os serviços de envio dele, como forma de garantir a melhor experiência ao comprador.

9) PRODUTOS USADOS: para anúncios de produtos usados, utilize pelo menos 7 dias de garantia pelo vendedor. Isso ajudará a melhorar o anúncio através do algoritmo. Anúncios sem garantia, além de gerar uma certa dúvida ao comprador, também não é bem visto pela plataforma.

10) DUPLICAÇÃO DE ANÚNCIOS: quanto mais anúncios similares para o mesmo produto, maiores serão as suas chances de vendas. Você poderá utilizar o recurso de duplicação de anúncios e realizar algumas alterações como: variação do título e descrição utilizando palavras-chave diferentes, tipo do anúncio (Clássico e Premium) e variações de preços.

Nessa estratégia é importante se atentar ao código de barras. Utilize o código de barras original somente no primeiro anúncio, sendo que nos demais duplicados, utilize outro código de barras válido, diferente do anúncio que utilizou como a matriz de replicação. Essa é uma maneira de burlar o algoritmo, possibilitando assim, que você tenha mais de um anúncio do mesmo produto na primeira página.

5.3. VALIDAÇÃO

Agora com o anúncio pronto, chegou o momento de validar o desempenho dele na plataforma e, para isso, passarei um roteiro muito simples para que você possa ter a percepção se o seu anúncio está chamando a atenção do consumidor e quais as medidas de ajustes, caso sejam necessárias, ao longo do período de análise.

O algoritmo leva em torno de 7 dias para aprender sobre o seu anúncio, por isso dividiremos o ciclo de análise em 4 etapas, sendo elas múltiplas de 7. Lembre-se que são etapas sugestivas e você poderá adaptá-las de acordo com o seu grau de experiência no Mercado Livre.

ETAPA 1 (DO 1º AO 7º DIA):

Nessa primeira etapa, tudo que você tem a fazer é monitorar as visualizações do anúncio e o volume de vendas que ocorrerão. De 1 a 3 vendas neste período, será um bom resultado, acima disso, melhor ainda.

ETAPA 2 (DO 8º AO 14º DIA):

Nessa etapa, você deverá avaliar o desempenho do anúncio e de acordo com o resultado apresentado na etapa 1, ajustar o curso e realizar nova análise.

RESULTADO APRESENTADO X SUGESTÃO DE AÇÃO

RESULTADO:

Alta visualização.
Nenhuma venda.

SUGESTÃO DE AÇÃO:

É provável que o seu anúncio esteja chamando a atenção do comprador, entretanto, o preço, o frete (que impacta diretamente na decisão de compra), as condições de parcelamento, o prazo de entrega ou a garantia, não estejam tão atrativos assim. Compare anúncios similares que tenham obtido vendas concretizadas e analise os pontos em que a concorrência esteja mais atrativa do que no seu anúncio.

RESULTADO:

Alta visualização.

Poucas vendas (menor que 1% em relação à quantidade de visualizações).

SUGESTÃO DE AÇÃO:

Analise as suas vendas concretizadas e tente identificar padrões, como por exemplo, a região dos compradores. Um dos problemas comuns neste caso é a relação entre o preço do produto e o preço do frete, pois quando o frete representa um valor expressivo em relação ao valor do item, este deixa de ser atrativo. Se for esse o caso, você pode avaliar a possibilidade de precificar novamente, incorporando seus custos de frete no produto e alterando a modalidade do seu anúncio para contemplar frete grátis, tornando-o muito mais atrativo.

RESULTADO:

Alta visualização.
Várias vendas (maior ou igual a 1% em relação à quantidade de visualizações).

SUGESTÃO DE AÇÃO:

Com esse resultado, significa que você encontrou um ótimo produto para atuar no Mercado Livre. Neste cenário, você poderá tentar duas alternativas para tirar vantagem do desempenho alcançado e aumentar ainda mais o seu faturamento e lucro. A primeira seria, ir aumentando gradativamente o preço do anúncio, sem exagerar no acréscimo a cada mudança (falaremos sobre isso mais à frente) e a segunda alternativa, que seria o inverso: diminuir o preço a fim de acelerar ainda mais a quantidade de vendas concretizadas e, consequentemente, aumentar faturamento e lucro.

Resumindo as duas alternativas teríamos: 1. na primeira, aumenta-se o preço gradativamente até que o anúncio comece a perder tração, ou seja, até você identificar que acima daquele preço o cliente perde a percepção de valor e, neste caso, você deve retornar ao preço praticado em uma etapa de ajuste anterior; 2. a segunda alternativa, baseia-se na estratégia de trazer maior vantagem de preço ao consumidor, fazendo com que o algoritmo do Mercado Livre entenda que o seu anúncio é um anúncio de alto desempenho e de interesse dos compradores, colocando-o em posição de destaque na plataforma e consequentemente, proporcionando-lhe mais chances de vendas.

RESULTADO:

Baixa visualização.
Nenhuma venda.

SUGESTÃO DE AÇÃO:

Faça um checklist das etapas de criação do anúncio, pois é provável que ele não esteja se classificando entre os primeiros anúncios. Dificilmente o comprador tem a paciência de pesquisar muitos anúncios e acaba decidindo pela compra logo nos primeiros. Sendo assim, é muito importante acertar na elaboração do anúncio já de início, pois a cada dia em que seu anúncio permanece na plataforma sem nenhum engajamento, mais estará sinalizando para o algoritmo que seu produto não é relevante aos compradores.

RESULTADO:

Baixa visualização.

Poucas vendas (menor que 1% em relação à quantidade de visualizações).

SUGESTÃO DE AÇÃO:

Faça um checklist das etapas de criação do anúncio, principalmente na composição das palavras-chave no título e descrição, pois não conseguir visualização está intimamente ligado ao entendimento que o algoritmo teve sobre o seu anúncio ao correlacioná-lo com a busca feita pelo comprador. Atente-se também ao percentual de qualidade do anúncio. Se este for muito baixo, as chances de visualização serão pequenas.

RESULTADO:

Baixa visualização.

Várias vendas (maior ou igual a 1% em relação à quantidade de visualizações).

SUGESTÃO DE AÇÃO:

Nesse caso, é provável que o produto esteja agradando ao público alvo, embora a qualidade da elaboração do anúncio esteja comprometida. Fazer um *checklist* das etapas de criação do anúncio, poderá transformar o produto em um campeão de vendas.

ETAPA 3 (DO 15º AO 21º DIA):

Nessa etapa, você deverá administrar os resultados obtidos nas etapas 1 e 2, caso estejam satisfatórios.

Faça pequenos ajustes apenas se forem necessários, pois neste momento o algoritmo já aprendeu sobre o comportamento do seu anúncio e o dos seus compradores.

Se desejar aumentar ainda mais os resultados, essa seria a etapa para se pensar em patrocinar o anúncio, colocando-o em uma posição de vantagem sobre os concorrentes.

ETAPA 4 (A PARTIR DO 22º DIA):

Na etapa 4, revise todos os resultados obtidos com o anúncio. Veja tudo que deu certo e o que não funcionou. Registre tudo em uma espécie de calendário de ações. Ao realizar esta análise em vários anúncios, você começará a perceber a curva padrão de desempenho deles e, dessa forma, conseguirá ajustá-los no momento certo, otimizando, assim, os seus resultados de vendas. Entretanto, saiba que o algoritmo do Mercado Livre passa por mudanças constantes e, por isso, é importante que, você refaça essa análise de tempos em tempos, para refinar os seus resultados.

Além dessas estratégias, existem ferramentas que podem auxiliá-lo na medição de desempenho em relação ao alcançado por anúncios concorrentes. Explicarei sobre elas nos capítulos posteriores.

5.4. OBTENDO VENDAS INAUGURAIS

Dentre uma série de fatores considerados pelo algoritmo para saber se o anúncio é relevante ou não aos usuários da plataforma, um que irei destacar neste momento é a velocidade com que o anúncio consegue concretizar as vendas, afinal, quanto mais vendas concluídas, maiores serão os seus ganhos e, consequentemente, a plataforma também lucrará mais.

O que quero dizer com isso é que, quanto mais rápido conseguirmos atrair vendas, maior será a tração do anúncio e, com mais destaque, ele será sugerido pelo Mercado Livre aos compradores.

O objetivo desse capítulo não é o de ensiná-lo a realizar nenhum tipo de fraude. Trata-se de um estudo de caso para mostrar como o algoritmo entende as interações entre vendedor e comprador, para decidir e definir as métricas de posicionamento de anúncios. O que demonstrarei é uma forma de, digamos, "acelerar" esse processo, de forma que pareça algo orgânico aos olhos do algoritmo. Saiba que, o algoritmo consegue perceber indícios de fraudes e, diante disso, penaliza a sua conta no Mercado Livre. Portanto, reproduzir qualquer método dessa natureza será por sua conta e risco.

Resumidamente, a estratégia para mostrar ao algoritmo que o seu anúncio é relevante, tanto para o Mercado Livre quanto aos compradores, é a seguinte: realizar 10 vendas em 7 dias, obtendo 10 comentários positivos.

Aqui estarei explicando o processo para um único anúncio, porém, se você conseguir reproduzir em vários simultaneamente, estará potencializando a sua conta como um todo na plataforma.

Para isso, você precisará de 10 amigos, que estejam localizados em endereços e cidades diferentes. Apesar de citar aqui "cidades" diferentes, é possível realizar o experimento sem este quesito.

Ponto de atenção: não tente fazer isso com vizinhos do mesmo endereço da sua conta do Mercado Livre, parentes próximos, pessoas que integrem o contrato social do CNPJ que possui a conta e muito menos, realizar o experimento através de equipamentos que, em algum momento, já tenham se conectado com a conta que receberá as solicitações de pedidos. Acredite, o Mercado Livre saberá disso.

Outro ponto importante é que você não poderá repetir padrões. Por exemplo, se você for reproduzir este experimento em mais de um anúncio, as 10 pessoas do experimento de um anúncio, não poderão ser as mesmas 10 do outro anúncio. Lembre-se que deve ser algo que pareça normal na percepção do algoritmo. Imagine que, em um cenário real, seria praticamente impossível que, 10 pessoas comprassem exatamente os mesmos 2 itens de uma mesma conta e coincidentemente no mesmo período, então, haja de maneira natural.

O fluxo seria o seguinte:

Importante: realizar os procedimentos abaixo após 3 dias da data da publicação do anúncio.

DIA 1:

A) Peça para 5 pessoas entrarem no Mercado Livre e pesquisarem uma das palavras-chave correspondente ao seu anúncio. Importante: dê uma palavra-chave para cada um;

B) Encaminhe o link do anúncio para as pessoas deste grupo e peça para que marquem o anúncio para ser adicionado aos favoritos.

DIA 2:

A) Peça ao grupo das 5 pessoas do "DIA 1" que entre no Mercado Livre, pesquise qualquer outro produto aleatoriamente e permaneça por pelo menos 1 minuto navegando na plataforma;

B) Peça ao grupo que vá até os favoritos e escolha o anúncio que foi marcado no "DIA 1";

C) Solicite a eles que efetuem a compra.

DIA 3:

A) Repita o procedimento realizado no "DIA 1". Porém, faça-o com um novo grupo de 5 pessoas.

DIA 4:

B) Repita o procedimento realizado no "DIA 2". Porém, faça-o com esse novo grupo de 5 pessoas.

DESPACHANDO OS PEDIDOS:

A) Mantenha a sua conta aberta no Mercado Livre durante este procedimento e, assim que os pedidos chegarem para você, imprima as etiquetas e despache imediatamente, pois isso contará pontos para a sua conta;

B) Como é um estudo de caso, envie a este grupo de 10 pessoas que foram selecionadas por você, apenas uma caixa com qualquer coisa dentro que faça algum volume, sem o produto verdadeiro;

C) Envie uma mensagem pela plataforma a cada uma dessas pessoas, informando que o produto já foi enviado e que se tiverem alguma dúvida, você estará à disposição. Isso é importante para a pontuação da sua conta.

QUANDO O GRUPO RECEBER O PRODUTO:

A) Entrar no anúncio e deixar um comentário positivo sobre o produto. Elabore 10 textos e encaminhe um diferente para cada um deles, assim você conseguirá direcionar os elogios de forma que motive novos compradores a decidir pela compra.

Reforço que este capítulo trata de um estudo de caso para demonstrar como é possível simular uma interação humana, de forma que o algoritmo perceba que foi realmente orgânica.

Tendo em vista que esse método visa simular uma interação humana, com o objetivo de disfarçar as ações sugeridas, de modo que o algoritmo não perceba, utilize-o com muita atenção, pois, caso o algoritmo identifique a sua intenção em burlar o sistema, o Mercado Livre poderá bloquear a sua conta.

6. ATENDIMENTO

6.1. RESPONDENDO DÚVIDAS

Entendo que se manter sempre alerta para responder as perguntas dos consumidores, gera um certo trabalho, sendo que, muitas delas são geradas apenas pela curiosidade do usuário da plataforma, e que, na maioria das vezes, não converterão vendas.

Mesmo sabendo de tudo isso, é muito importante que você responda prontamente, pois o algoritmo considera a sua eficiência em responder a esses questionamentos.

Não importa se utiliza ferramentas de automação para responder ou se faz isso manualmente. O importante é que o possível comprador não espere muito tempo para ter a sua dúvida esclarecida. Lembre-se que todo ponto de contato com o comprador é uma possibilidade de venda.

Um erro muito comum cometido pelos vendedores, acontece justamente durante as interações com os possíveis compradores. A maioria dos vendedores responde aos questionamentos de maneira muito básica ou insatisfatória e, com isso, acaba perdendo vendas.

O momento da interação com o comprador é a ocasião ideal para persuadi-lo a concretizar a venda e para isso, você poderá fazer uso de estratégias de chamada para a ação.

Para que fique claro o entendimento de como poderá utilizar de maneira mais eficaz esse momento, seguem abaixo alguns exemplos de abordagem:

COMPRADOR:

- Você tem este produto na cor azul?

VENDEDOR:

- Não.

INTERAÇÃO EFICAZ:

COMPRADOR:

- Você tem este produto na cor azul?

VENDEDOR:

- Olá, infelizmente o azul não está disponível. Porém, temos o verde, que é uma cor que está muito em alta. Faça seu pedido agora, que despacho para você ainda hoje!

COMPRADOR:

- Este produto pode ser guardado na geladeira?

VENDEDOR:

- Sim.

COMPRADOR:

- Este produto pode ser guardado na geladeira?

VENDEDOR:

- Pode sim, inclusive ele ajudará a preservar os alimentos por muito mais tempo. Aproveite e faça o seu pedido agora mesmo!

COMPRADOR:

- Este produto suporta quantos quilos?

VENDEDOR:

- 100kg.

INTERAÇÃO EFICAZ:

COMPRADOR:

- Este produto suporta quantos quilos?

VENDEDOR:

- Olá, nosso produto é um dos melhores do mercado e suporta até 100kg. Comprando agora, despacho para você ainda hoje e lhe envio um brinde junto.

Interagir com os compradores é uma das principais estratégias para incentivar a concretização das vendas. Saiba que muitos compradores leem as perguntas e respostas de outros consumidores e também avaliam o seu nível de prestatividade com base nisso. Portanto, explore de maneira eficiente esse recurso de venda.

6.2. COMUNICAÇÃO COM O COMPRADOR

Na maioria das vezes, quando o comprador passa por algum tipo de problema em relação à sua compra, o primeiro caminho que ele procura é abrir uma reclamação dentro da plataforma. Porém, esse mecanismo é muito ruim para quem vende, pois quando o comprador faz isso, sinaliza ao Mercado Livre de que a experiência do consumidor não foi exatamente como gostaria que fosse e em alguns casos, isso pode influenciar a sua reputação. Entretanto, existe uma forma de evitar, ou pelo menos minimizar a ocorrência de abertura de reclamações.

A estratégia é muito simples. Sempre que receber uma venda concretizada, no mesmo instante, envie uma mensagem ao cliente com algo do tipo: "Olá, obrigado por comprar conosco, gostaríamos que você tivesse a melhor experiência possível com a sua compra. Sendo assim, caso você tenha algum tipo de problema ou dúvidas em relação ao seu pedido, pedimos gentilmente que, ao invés de abrir uma reclamação, por favor, chame-nos aqui no chat, pois teremos o maior prazer em ajudá-lo(a), ok? Quando receber o seu produto, ficaríamos muito gratos se você pudesse nos avaliar e deixar os seus comentários".

Porém, fique atento para responder prontamente a esse cliente, caso contrário, todo o esforço terá sido em vão, pois no caso de demorar demais para dar um retorno, tenha a certeza de que isso resultará em abertura de reclamação e com uma intensidade muito maior do que se você não tivesse se colocado à disposição do cliente.

6.3. GATILHOS MENTAIS

O conceito dos gatilhos mentais é relativamente simples. Baseia-se em tomar decisões sem gastar muita energia, ou seja, sem precisar refletir muito sobre o tema.

É como se fosse uma auto resposta do cérebro, para decisões que necessitam de menos reflexão e dessa forma, poupar energia para as decisões mais complexas.

Esse mecanismo é muito utilizado para direcionar a decisão dos compradores para o caminho que você deseja.

Existem vários gatilhos mentais, Neste capítulo, explicarei alguns deles e como você poderá utilizá-los em suas interações com os compradores.

Saiba que, os dois principais motivadores das pessoas são, evitar a dor e conseguir prazer. Iremos explorá-los em detalhes.

AUTORIDADE:

Demonstrar que conhece o produto ou serviço apresentado para os seus compradores é muito importante. As pessoas gostam de comprar de especialistas. Seu cliente busca a tranquilidade de estar adquirindo o item certo para solucionar o seu problema, pois foi recomendado por um especialista no assunto em questão. Ou seja, uma pessoa que conhece a dor que ela está sentindo e tem uma solução eficaz, torna-se uma autoridade no assunto.

Ter um grande conhecimento sobre o assunto ou produto é tão importante quanto ter o próprio produto.

Exemplo de utilização desse gatilho em interação com o comprador:

COMPRADOR:

- Este produto pode ser conectado no produto XYZ?

VENDEDOR:

- Olá, ótima pergunta, muita gente tem dúvida em relação a isso. Somos especialistas neste produto. Pode ser conectado sim. Você precisa apenas utilizar uma dica que vou descrever passo a passo e enviar junto com o produto para você, ok?

PROVA SOCIAL:

Basicamente, é a comprovação da qualidade e eficiência do seu produto, pela utilização por um grande número de pessoas.

Quando isso acontece, o gatilho da prova social é acionado nas outras pessoas e causa o desejo de consumo. Elas sentem a necessidade de não ficarem para trás.

Se essas pessoas estão gostando do produto, eu também quero! Não posso ficar fora dessa!

Exemplo:
Um exemplo de utilização desse gatilho seria a inclusão de um link na descrição do produto para um vídeo, mostrando várias pessoas diferentes utilizando o produto, preferencialmente pessoas conhecidas pelos seus clientes.

PROVA / DEPOIMENTO:

Contra fatos não há argumentos.

Nada melhor do que um consumidor falando sobre as suas satisfações com o produto ou serviço que adquiriu. É um relato concreto da eficiência e qualidade do item.

Quanto mais autoridade ou credibilidade a pessoa que faz o depoimento tem, maior será a potencialização desse gatilho.

Mas cuidado, a prova tem que ser real e o depoimento sincero, caso contrário, toda a credibilidade gerada com o depoimento será perdida e o assunto cairá em descrédito pela sua audiência.

Exemplo:

Um exemplo de utilização desse gatilho, seria a inclusão de um link para um vídeo de depoimento de pessoas que compraram e gostaram do produto. Preferencialmente falando sobre os benefícios do produto.

RECIPROCIDADE:

Quando você ajuda alguém, automaticamente o cérebro da pessoa registra uma espécie de dívida moral com você. Ela se sente na obrigação de retribuir a ajuda recebida de alguma maneira.

Um exemplo disso, é você conceder algum tipo de cortesia antes de oferecer os produtos ou serviços que são pagos.

Isso acontece com muita frequência nas redes sociais.

Exemplo:

"Baixe o e-book gratuito com 5 dicas infalíveis para emagrecer". Após você baixar o e-book, recebe um anúncio sobre um produto para emagrecer. A tendência é que você fique mais propenso a comprar esse produto, pelo fato de ter recebido algo grátis antes. Isso aciona o gatilho mental da reciprocidade.

Exemplo de utilização desse gatilho em interação com o comprador:

COMPRADOR:

- Como utilizo este produto para tal finalidade?

VENDEDOR:

- Olá, fiz uma rápida pesquisa aqui e encontrei um vídeo muito interessante que esclarece a sua dúvida. Enquanto você assiste ao vídeo, eu vou ficar aguardando para despachar o seu pedido o quanto antes, ok?

ESCASSEZ:

A escassez é um poderoso gatilho mental, pois desperta o medo da pessoa em perder boas oportunidades.

Muito utilizado em campanhas promocionais de tempo limitado para aquisição ou desconto, uma vez que desperta a compra por impulso.

Um exemplo da utilização desse gatilho mental seria a *Black Friday* ou promoções do tipo: "São nossas últimas unidades com desconto. Não perca!"

Exemplo de utilização desse gatilho em interação com o comprador:

COMPRADOR:

- Este produto pode ser utilizado em ambiente externo?

VENDEDOR:

- Olá, pode sim! Aproveite a nossa condição promocional, pois os estoques neste preço estão se esgotando! Comprando agora, despachamos o seu pedido ainda hoje.

NOVIDADE:

Tudo que é novo gera um interesse maior, pois todos querem ser os primeiros a desfrutarem de algo diferente.

Isso é muito comum, por exemplo, quando um novo restaurante é inaugurado. Mesmo que você tenha a tradição de ir sempre ao seu restaurante preferido, se inaugurar um novo restaurante na sua cidade, com certeza você terá o desejo de conhecer essa nova opção.

Exemplo de utilização desse gatilho em interação com o comprador:

COMPRADOR:

- Este produto pode ser aplicado diretamente na parede?

VENDEDOR:

- Olá, pode sim! Inclusive, se você fechar o seu pedido agora, vou lhe enviar junto um acessório que é novidade e vai facilitar a aplicação. Fechando agora, enviamos o seu pedido ainda hoje.

EXCLUSIVIDADE:

Esse gatilho gera a sensação, para a sua audiência, de fazer parte de um grupo seleto de pessoas que possui o produto ou serviço. Os clientes estão dispostos a pagar o preço por algo exclusivo, algo que seja único e que os tornem membros de alguma comunidade de relevância.

Exemplo de utilização desse gatilho em interação com o comprador:

COMPRADOR:

- Este produto pode ser utilizado para consumir bebidas quentes?

VENDEDOR:

- Olá, pode sim! Inclusive, comprando agora, estamos com uma promoção especial, posso personalizar o produto com o seu nome, se preferir. Após finalizar a sua compra é só me enviar o seu nome pelo chat, ok?

SIMPLICIDADE:

O que é simples economiza tempo. E tempo é dinheiro.

Oferecer algo que seja simples ativa esse gatilho mental, o qual desperta o interesse para algo que vai gerar menos trabalho e economizar a energia do seu cliente.

Exemplo de utilização desse gatilho em interação com o comprador:

COMPRADOR:

- *Este produto vem com o manual de montagem?*

VENDEDOR:

- Olá, vem sim! Porém, comprando agora, se preferir, posso enviá-lo montado para facilitar para você, ok?

AFINIDADE:

Esse gatilho pode ser acionado demonstrando que o seu produto ou serviço, ou mesmo a missão da sua empresa está muito relacionado ao perfil da sua audiência. O cliente se identifica com a sua linguagem e tem os mesmos valores que você. Esse gatilho aproxima você do seu cliente.

Exemplo de utilização desse gatilho em interação com o comprador:

COMPRADOR:

- Você tem este produto na cor verde?

VENDEDOR:

- Olá, temos sim! Inclusive o verde é uma das cores que mais gostamos, por trazer um contraste muito interessante ao ambiente. Boa escolha! Comprando agora, despachamos ainda hoje, ok?

PRAZER:

Mexer com a emoção das pessoas está totalmente ligado aos gatilhos mentais. Portanto, ativar sensações em seus clientes é um ótimo mecanismo de vendas.

Um exemplo desse gatilho, é quando você passa em frente a uma loja e a reconhece pelo cheiro. Algumas lojas borrifam essências exclusivas dentro do estabelecimento para causar esta sensação.

Outro exemplo disso é a Coca-Cola, que ao invés de focar na venda do produto em si, ela foca em sensações, como: a amizade, a família, o Natal e outros temas que nos fazem sentir bem.

Exemplo de utilização deste gatilho em interação com o comprador:

COMPRADOR:

- *Este produto pode ficar ligado a noite toda?*

VENDEDOR:

- *Olá, pode sim! Inclusive, fazer isso, proporcionará uma excelente e relaxante noite de sono. Comprando agora, despachamos hoje mesmo para você.*

7. ALGORITMO

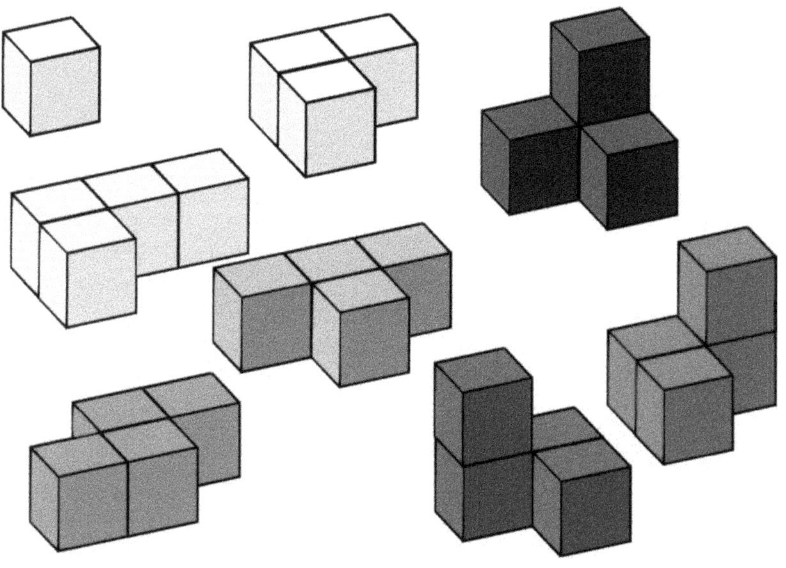

7.1. LEITURA DE ATIVIDADES

O algoritmo consegue identificar com qual frequência você está se dedicando à sua conta, fazendo uma leitura das suas atividades dentro da plataforma. Por isso, é muito importante que tome algumas medidas para mostrar a ele o nível do seu engajamento.

Mantenha a página do Mercado Livre aberta o tempo todo, mostrando para a plataforma que você está pronto para receber seus pedidos. Não basta apenas entrar com o seu login e senha e deixar a página parada. De tempos em tempos, realize ações como, consultar informações da sua conta, explorar os relatórios, fazer buscas na plataforma.

Quando receber um pedido, imprima a etiqueta imediatamente, sinalizando ao algoritmo que você tem agilidade no processo de logística.

Constantemente, verifique se seus dados cadastrais estão corretos e mantenha-os sempre o mais completo possível.

Monitore os anúncios que não tiveram vendas e promova ações de troca de preço, tipo de exposição e até mesmo anúncio patrocinado. Essas ações mostram ao algoritmo que existe um gerenciamento acontecendo, fazendo com que ele faça uma releitura dos anúncios, na tentativa de reposicioná-los com base nos novos parâmetros.

A sugestão é que você adote a rotina de avaliar esses pontos citados pelo menos a cada 7 dias.

7.2. HISTÓRICO DA CONTA

Tudo o que acontece com a sua conta ao longo do tempo é relevante para o Mercado Livre, tais como: medalha, reputação, tempo de conta, qualidade da conta, etc.

O tempo de conta é considerado para a conversão global. Portanto, se anteriormente sua conta passou por uma fase de baixo desempenho, como, perda de reputação, bloqueio, muitas reclamações e devoluções, talvez seja interessante pensar em constituir uma nova conta, de forma que o algoritmo não considere esse histórico de forma negativa. Além disso, no caso de contas novas, o algoritmo quer que você tenha uma boa experiência na plataforma e, para isso, tentará lhe proporcionar as primeiras vendas rapidamente, desde que, é claro, você atenda aos requisitos mínimos exigidos pelo Mercado Livre.

Não basta ter medalha e reputação, pois o Mercado Livre precisa avaliar se a sua conta consegue permanecer com alto nível de qualidade e, para isso, o algoritmo avalia o histórico dos anos anteriores e monitora por quanto tempo você consegue manter-se na condição de boa reputação. Outro ponto é a conquista de medalha, pois quando você muda de nível o algoritmo começa a monitorar a sua conta para certificar-se de que conseguirá permanecer dentro dos requisitos exigidos e quanto tempo você permaneceu nesta condição. Tudo isso, fica armazenado na memória do algoritmo.

Resumindo, não basta conquistar os níveis, é preciso dedicação para permanecer neles com consistência, pois as oscilações geram fatores negativos a serem avaliados e pontuados na sua conta.

7.3. RELACIONAMENTO COM A PLATAFORMA

O Mercado Livre quer que você progrida como vendedor dentro da plataforma, e para isso, ele mede o seu nível de relacionamento com ele. Portanto, é recomendado que explore as diversas modalidades e ferramentas contempladas na plataforma, como, aplicativos disponibilizados pelo Mercado Livre, conexão com ferramentas, Ads, Mercado Full, Mercado Flex, enfim, todas as possibilidades que se adequem ao seu negócio.

Utilize o aplicativo do Mercado Pago e se possível, procure deixar algum dinheiro na conta do Mercado Livre, pois isso melhora seu desempenho, visto que, quanto mais tempo o seu dinheiro permanecer na conta, maior será o tempo que a plataforma terá para investir e rentabilizar o seu dinheiro. O Mercado Livre utiliza várias formas de gerar receita e uma delas, é trabalhar toda a receita que circula dentro da plataforma.

7.4. ANÚNCIOS PREJUDICIAIS

Como explicado anteriormente, vender mais em menos tempo, sinaliza ao algoritmo que o seu anúncio é relevante e possui um potencial de venda atrativo para a plataforma. Sendo assim, fique atendo a anúncios que não estão vendendo.

Selecione os anúncios que não tiveram vendas entre 7 e 45 dias e pause-os, pois eles sinalizam para o algoritmo que apenas um percentual dos seus produtos tem boa conversão e, neste caso, anúncios sem vendas somam de forma negativa para a sua conta. O Mercado Livre deseja que cem por cento dos seus anúncios venda, então, pausando esses anúncios sem resultados, você consegue atingir esse percentual e ser percebido de forma diferente pelo algoritmo da plataforma.

7.5. POTENCIALIZANDO AS CHANCES DE VENDAS

Explore todas as possibilidades da plataforma, usando o algoritmo em seu favor. Não é difícil entender a lógica do algoritmo. Pense nele como uma pessoa superinteligente e que age sempre de maneira racional. Se você compreender isso, poderá utilizá-lo em seu favor, destacando-se da concorrência.

Uma dica muito valiosa, seria utilizar um produto de sacrifício para aquecer a conta. Contas que chamam a atenção do algoritmo, são as que dão resultados de vendas. O produto de sacrifício é um ou mais produtos escolhidos por você, onde estes, não gerarão um lucro significativo, ou até mesmo, não proporcionarão lucro algum. Porém, a função deles na sua conta é, mantê-la sempre com as vendas em movimento. Isso chama a atenção do algoritmo, que entende uma boa oportunidade de a plataforma lucrar com as suas vendas e, consequentemente, passa a avaliar o que mais a sua conta tem a oferecer, ou seja, quais os outros anúncios da sua conta o algoritmo poderia expor, de forma a lucrar com seus outros anúncios também.

Possua vários anúncios, pois vende mais quem anuncia mais. Vários anúncios aquecidos, despertam a atenção do algoritmo, que sempre busca desempenho de forma exponencial, ou seja, quanto mais você obtiver resultados na plataforma, mais os seus resultados serão multiplicados. É claro que isso acontecerá desde que você esteja seguindo todos os passos corretamente. Você precisa fazer a sua parte, pois a plataforma não fará tudo sozinha.

Anuncie no Ads, pois essa medida aumenta a sua visibilidade e alcance.

Trabalhe com múltiplas contas, pois o Mercado Livre, de certa forma, distribui a visibilidade entre todos os vendedores, para que todos tenham a oportunidade de vendas. Portanto, ter duas ou mais contas na plataforma, aumentam consideravelmente as suas chances de exposição.

EXIBIÇÃO DE ANÚNCIO COM UMA CONTA:

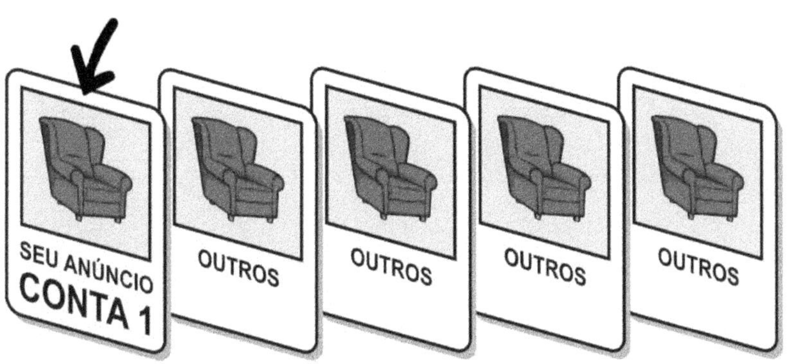

EXIBIÇÃO DE ANÚNCIO COM DUAS CONTAS:

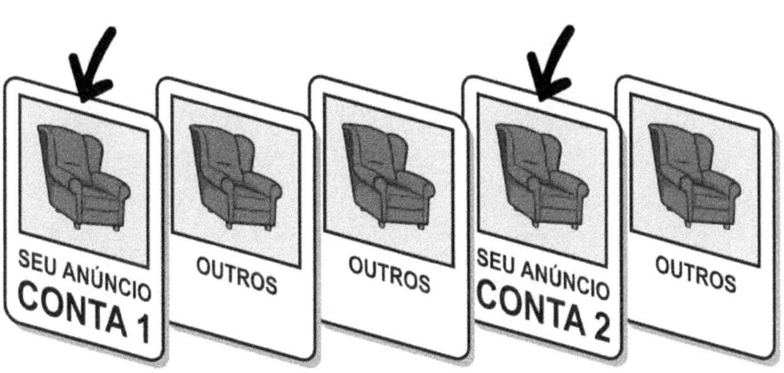

7.6. AJUSTANDO O PREÇO

Vale tudo para não despertar a fúria do algoritmo, principalmente quando o quesito é preço. O Mercado Livre quer que a concorrência seja justa e, para isso, utiliza alguns mecanismos para saber se você está dentro ou fora do mercado. O algoritmo detecta práticas incongruentes de precificação. Por exemplo, se o produto que você está anunciando, custa em torno de R$ 100,00, como é possível você vendê-lo a R$ 1,00? Portanto, precifique corretamente e procure ficar dentro da média de mercado.

Quando for necessário aplicar ajustes de preços, prefira fazê-los dentro de 1% a 3%, para não chamar a atenção do algoritmo. A aplicação de ajustes acima desse valor, alertam o algoritmo, que derruba bruscamente o ranking do seu anúncio. Caso necessite ajustar percentuais acima do sugerido, procure fazê-los em escalas e com intervalos de, no mínimo, 7 dias.

7.7. ADS

Trabalhar com anúncio patrocinado não é simplesmente injetar dinheiro e esperar que as vendas aconteçam. É preciso estratégia.

Uma estratégia simples a ser utilizada, em se tratando de anúncio patrocinado, seria: criar o anúncio e esperar o resultado orgânico, ou seja, sem patrocínio, por pelo menos 7 dias. Após esse período, faça o patrocínio, porém, precificando com valor um pouco acima. Lembre-se que, ao patrocinar, o Mercado Livre fará um esforço maior para tentar entregar o seu anúncio ao comprador e, sendo assim, você pode utilizar esse esforço para ter um pouco mais de lucro. Enquanto estiver patrocinando, permaneça nessa condição por pelo menos mais 7 dias. Após este período, analise os resultados e decida pela continuidade ou não. Se a decisão for não continuar, retorne ao preço praticado antes do patrocínio.

O Ads é um ótimo recurso para validar anúncios, posicioná-los e distribuí-los de maneira potencializada.

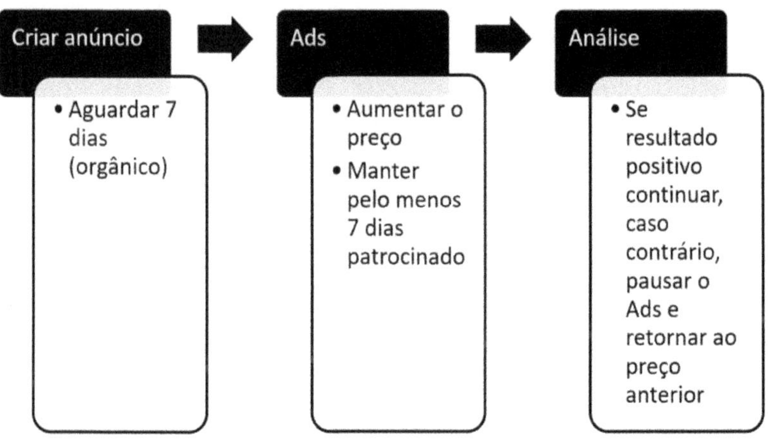

7.8. CANCELAMENTOS

Fique atento aos cancelamentos, pois afetam de maneira negativa a sua conta. As devoluções não são consideradas cancelamentos.

As ações de cancelamento que pontuam de maneira negativa a sua conta ocorrem quando o comprador seleciona "Cancelar a venda" no detalhe da venda ou quando é aberta uma reclamação e você seleciona "Devolver o dinheiro".

Quando realiza essas ações, sinaliza ao Mercado Livre que algo na negociação não deu certo e isso é muito ruim, tanto para sua conta quanto para a reputação da plataforma, pois o Mercado Livre sempre irá priorizar uma boa experiência de compra ao comprador.

Se mais de 2,5% das suas vendas forem canceladas, a conta poderá ser suspensa. Além disso, se você cancelar propositalmente as vendas, essa ação também afetará a sua reputação. Portanto, é importante que você revise o controle de estoque, mantenha seu anúncio sempre com comunicação clara e, dessa forma, evitará dúvidas ao comprador e prejuízos à sua conta.

Fonte: Como os cancelamentos afetam a sua conta? https://www.mercadolivre.com.br/ajuda/-O-que-s-o-cancelamentos-e-com_5205

7.9. REPUTAÇÃO

O controle de reputação é o mecanismo utilizado pelo Mercado Livre para pontuar a qualidade da sua conta dentro da plataforma. Essa pontuação é dinâmica e muda conforme o seu histórico de ações e vendas. De acordo com a sua pontuação, volume de vendas e faturamento, é possível também conquistar a medalha de MercadoLíder. Quesitos como reclamações, vendas canceladas e atrasos na entrega, serão considerados para a sua pontuação.

- A cor vermelha corresponde à reputação de pior desempenho.
- A cor verde corresponde à reputação de melhor desempenho e permite que você seja MercadoLíder.

Sendo assim, tenha um atendimento de qualidade e postura profissional dentro do Mercado Livre, pois cada falha conta pontos negativos para a sua conta e com certeza, prejudicará o seu desempenho de vendas.

Fonte: Como é calculada a reputação: https://www.mercadolivre.com.br/ajuda/866

7.10. FRETE

Primeira dica sobre frete seria que você não utilizasse o frete “a combinar”, pois prejudica a sua conta. Para garantir a qualidade e experiência de compra na plataforma, o Mercado Livre precisa controlar todo o processo e a entrega é um dos principais diferenciais da plataforma. Quando você escolhe o frete “a combinar”, duas coisas acontecem: primeiro, o algoritmo, entende que perdeu o controle sobre a entrega e não pode garantir a qualidade da logística e isso é ruim para a sua conta; segundo, o Mercado Livre não ganha sobre esse valor de frete e, como explicado anteriormente, ele precisa lucrar. Quando você não proporciona esse ganho à plataforma, também não é bem visto por ela.

Estudo de caso de como o Mercado Livre calcula o frete do seu anúncio:

A plataforma não calcula através das medidas, mas sim, pela categoria na qual seu anúncio está alocado. Sempre será considerado o peso maior para cálculo.

Fórmula de cubagem:
(Largura x Altura x Profundidade) / 6000

Exemplo de produto:
Altura: 47cm
Largura: 47cm
Profundidade: 68cm
Peso: 8Kg

Frete calculado pela categoria informada:	Frete calculado pela tabela de fretes do Mercado Livre, considerando que a cubagem desse produto foi de 25,04kg: *(No exemplo, vendedor sem reputação e sem Mercado Full)*
= R$ 95,12	**= R$ 127,92**

Com base nessa informação cabe entrar em contato com o Mercado Livre, solicitando a revisão do frete, visto que às vezes, o algoritmo não aloca corretamente o anúncio, fazendo com que você tenha uma despesa maior com o frete.

Fonte: Como o valor do frete é calculado:
https://www.mercadolivre.com.br/ajuda/Custos-de-frete-gratis-pelo-Mercado-Envios_3362
https://www.mercadolivre.com.br/ajuda/Custos-dos-fretes-gratis-em-categorias-especiais_3922

8. FERRAMENTAS DE APOIO

UBERSUGGEST

Ferramenta gratuita para encontrar palavras-chave.
https://neilpatel.com/br/ubersuggest/

TAGCROWD

Com base nos textos que você digita, ele mostra as tags mais relevantes no Google.
https://tagcrowd.com/

PESQUISA DO ADS FACEBOOK E INSTAGRAM

https://pt-br.facebook.com/ads/library/

CÓDIGO EAN (CÓDIGO SHOP)

https://www.codigoshop.com.br/

MELIBOX

Ferramenta para otimizar os anúncios.
https://www.melibox.com.br

PHOTOROOM

Editor de fotos pelo celular que permite remover o fundo e ambientar.
https://play.google.com/store/apps/details?id=com.photoroom.app&hl=pt_BR&gl=US

REMOVEBG

Ferramenta online que remove o fundo das fotos.
https://www.remove.bg/pt-br

CANVA

Ferramenta online que permite a edição e criação de imagens.
https://www.canva.com/

COMO REGISTRAR A FOTO DO PRODUTO NO MERCADO LIVRE E DENUNCIAR A CÓPIA NÃO AUTORIZADA NO PPPI

https://www.mercadolivre.com.br/brandprotection/enforcement

CURSOS DO MERCADO LIVRE PARA VENDEDORES

https://vendedores.mercadolivre.com.br/cursos/

DICAS, FERRAMENTAS E SOLUÇÕES DO MERCADO LIVRE PARA O SEU NEGÓCIO

https://vendedores.mercadolivre.com.br/notas/

TENDÊNCIAS DO MERCADO LIVRE

https://tendencias.mercadolivre.com.br/

INFORMAÇÕES SOBRE CÁLCULO DE FRETES

https://www.mercadolivre.com.br/ajuda/Custos-de-frete-gratis-pelo-Mercado-Envios_3362
https://www.mercadolivre.com.br/ajuda/Custos-dos-fretes-gratis-em-categorias-especiais_3922

9. CONCLUSÃO

Durante os capítulos desse livro, você pôde descobrir novas maneiras de conquistar vendas, utilizando o próprio algoritmo do Mercado Livre a seu favor e, dessa forma, assumir uma posição de destaque na plataforma.

Entretanto, você também viu que o algoritmo não perdoa falhas. Tudo que acontece dentro da plataforma é registrado e conta pontos para sua conta, sejam eles positivos ou negativos. De certa forma, esse é o mecanismo do Mercado Livre para separar os bons vendedores dos maus vendedores, deixando a plataforma mais seletiva, garantindo a melhor experiência possível para o comprador e tornando mais justa a concorrência entre os vendedores.

Vimos também a importância da comunicação eficaz com o comprador, possibilitando a sua fidelização e trazendo uma boa impressão da sua empresa diante de novos compradores.

O importante é que você haja de maneira profissional no Mercado Livre. A plataforma investe tempo e dinheiro para que permaneçam no jogo apenas as pessoas que realmente realizam um trabalho de credibilidade e respeito ao cliente.

Finalizando, é importante que você esteja sempre atento ao que acontece no Mercado Livre, pois constantemente a plataforma passa por adequações que influenciam o comportamento do algoritmo. Sendo assim, o monitoramento constante dos anúncios é necessário, para que você possa perceber rapidamente as mudanças e faça os ajustes necessários, para não perder desempenho dentro da plataforma.

Espero que o material que compilei nesse livro, possa lhe ajudar a aumentar os seus resultados dentro do Mercado Livre.

Continue estudando e sucesso nas vendas!

10. SOBRE O AUTOR

Marco Antonio Ponciano, 43 anos, nascido em São Paulo capital, mudou-se para Porto Ferreira em 1991, quando tinha apenas 13 anos. É pai de 3 filhos: Gabriela, Ana Laura e Rafael (*in memoriam*). Casado com Renata Bariotti Ponciano.

Trabalhou no Jornal Extra, Jornal A Semana e foi colaborador do Jornal do Porto e TV Mix, onde elaborava suas charges com base nas notícias destes meios de comunicação.

Conquistou 2 prêmios na categoria "Desenho de Humor", durante a Semana Cultural Ferreirense, em 2003 e 2004.

Trabalhou na Margirius por 8 anos, na área de tecnologia e editoração eletrônica, até que resolveu empreender, fundando a MRC Sistemas em 2004, empresa que, em 2009, conquistou o prêmio MPE Brasil, concedido pelo SEBRAE, com o título de microempresa mais competitiva do estado de São Paulo, no segmento de tecnologia da informação, classificando-se entre as 151 micro e pequenas empresas mais competitivas do Brasil (dentre as mais de 57 mil empresas inscritas no prêmio).

Em 2013, foi novamente finalista.

Em 2015, conquistou novamente o prêmio MPE Brasil (dentre as 65,7 mil empresas inscritas).

Além de atuar na área de TI, realiza consultorias na área de custos e processos e gestão de pessoas.

Certificado pela Social Intelligence Group como: Practitioner em Análise de Microexpressões Faciais e Practitioner em Análise da Linguagem Corporal.

Possui formação Internacional em Coaching e Analista DiSC, pela Sociedade Latino Americana de Coaching (SLAC).

Coordenou projetos sociais, como o Ger@ção 2.0, em parceria com o Rotary Club de Porto Ferreira.

Integrou também o CMCPF (Conselho Municipal de Cultura de Porto Ferreira) no biênio 2012/2013.

Representa os empresários no conselho de escola da ETEC (unidade Porto Ferreira).

Leciona aulas de Gestão Empresarial em Ribeirão Preto.

É Empreteco desde 2008 (Principal capacitação do Sebrae).

Em 2013, publicou "A cartilha do gestor moderno", destinando o lucro obtido com a venda da edição à instituição "Nós Somos Capazes", que está disponível em www.clubedeautores.com.br

Em 2017, desenvolveu o aplicativo Guia Porto Ferreira, com o objetivo de auxiliar na demanda turística da cidade, ofertando a plataforma como doação ao Município.

Em 2019, lançou o curso digital "Os Segredos do Empreendedorismo", com o objetivo de capacitar e melhorar os resultados dos empreendedores, por meio de uma gestão eficiente.

Ministrou o Workshop de Comunicação Não Verbal Aplicada a Vendas para o Time do Emprego, em parceria com a Prefeitura Municipal de Porto Ferreira.

Ministrou o Workshop de Capacitação Organizacional e Técnica para os Guardas Civis Municipais de Porto Ferreira.

No Rotary Club de Porto Ferreira, contribuiu com várias ações sociais desenvolvidas por esta instituição.

Possui canal no YouTube, Facebook e Instagram, nos quais publica dicas de gestão empresarial, marketing, gestão de pessoas, motivacional e comunicação não verbal, contribuindo com a disseminação do empreendedorismo pelas mídias sociais.

11. CONTATOS

Do autor

www.marcoponciano.com.br

contato@marcoponciano.com.br

/marcoponcianoconsultoria

/marcoponcianoconsultoria

/marcoponcianoconsultoria

ANOTAÇÕES

ANOTAÇÕES

www.ingramcontent.com/pod-product-compliance
Ingram Content Group UK Ltd.
Pitfield, Milton Keynes, MK11 3LW, UK
UKHW021956190726
13853UKWH00004B/1575

9 786500 387544